세계사를 바꾼
월드컵

세계사를 바꾼
월드컵

이종성 지음

지적이고 흥미로운
20가지 월드컵 축구 이야기

차례

1 '흙수저' 프랑스인 쥘 리메와 우루과이가 함께 만든 월드컵 6

2 식민지 커넥션과 이민 세대가 키운 유럽 축구 16

3 월드컵은 언제부터 진짜 '월드'컵이 됐을까? 34

4 동독·서독 국경을 넘은 독일의 월드컵 중계 42

5 슬로 모션은 있는데 컬러 TV 중계는 없었던 1966년 월드컵 47

6 중계권료에 목매는 FIFA와 유럽의 보편적 시청권 충돌 53

7 중국의 '축구 굴기'는 왜 실패했나? 58

8 시애틀의 위대한 실험과 미국 축구의 빛과 그림자 66

9 국가마다 서로 다른 축구 스타일이 정말 실제로 존재할까? 74

10 정말 월드컵 때문에?! 온두라스 vs 엘살바도르 축구 전쟁 102

11 이탈리아 탈락 + 웨일스 진출 = 브라질 우승 **108**

12 아프리카 축구의 '비나쇼노' 효과 **118**

13 폴란드 자유노조를 세계에 알린 1982년 월드컵 **123**

14 티키타카와 게겐 프레싱의 서막을 연 1990년 월드컵 **130**

15 헝가리 전설 푸슈카시와 한국, 손흥민의 연결고리 **136**

16 독일 축구의 새 혁명, '풋보놋' 활용한 창의력 축구! **145**

17 남미 축구의 기나긴 월드컵 우승 가뭄 **153**

18 전쟁으로 인한 러시아의 탈락과 우크라이나의 석패 **165**

19 '월드컵 워싱'의 전형이 된 카타르 월드컵 **173**

20 벤투의 빌드업 축구에 더 절실한 한국형 '프레싱 게임' **182**

에필로그 **189**
참고문헌 **191**

1

'흙수저'
프랑스인 쥘 리메와
우루과이가
함께 만든 월드컵

프랑스는 2018 러시아 월드컵에서 우승을 차지했고 세계적인 스타 선수들이 즐비한 축구 강국이다. 하지만 근대 축구가 태동했던 19세기 말과 20세기 초까지만 해도 프랑스는 국제축구 무대에서 소위 '듣보잡'에 지나지 않았다. 경기 수준도 높지 않았고 무엇보다 축구에 대한 국민들의 관심이 별로 없었다. 1903년 프랑스 전국축구대회 결승전을 보기 위해 찾은 관중은 2,000여 명에 불과했다. 프랑스 축구협회가 창설된 것도 1919년으로 독일, 이탈리아, 스페인, 스위스, 네덜란드, 덴마크의 축구협회 발족보다 훨씬 뒤쳐졌다.

프랑스에서 축구는 중산층 자녀들이 다녔던 일부 학교에서 펼쳐지는 스포츠에 머물러 있었고 럭비보다 인기가 없었다. 프랑스 근대 스포츠 혁명을 주도했으며 IOC^{International Olympic Committee; 국제올림픽위원회}와 올림픽을 만든 피에르 드 쿠베르탱 남작도 축구보다는 럭비에 더 관심이 많았다.

프랑스 국민들이 축구를 외면하자 프랑스 축구인들은 자연스럽게 국제무대로 시선을 돌렸다. 그리고 곧 국제 축구 기구의 창립을 도모했다. 프랑스는 네덜란드, 벨기에 등과 함께 1904년 FIFA^{국제축구연맹}를 창설했다. 초대 회장은 28세의 젊은 스포츠 기자이자 프랑스 스포츠 체육 단체 연맹의 사무총장인 로베르 게렝이 맡았다. 이 국제기구의 공식 명칭이 프랑스어^{Fédération} Internationale de Football Association로 만들어진 이유다.

하지만 프랑스가 주도해 만든 FIFA는 아마추어리즘 문제로 어려움을 겪었다. FIFA는 하계 올림픽의 축구 경기를 1924년부터 주최했으나, 그해 올림픽 축구에 축구종가 잉글랜드는 불참했다. 올림픽은 아마추어 선수만이 출전해야 하지만 축구 경기에서는 프로 선수들이 출전한다는 이유에서였다. 스위스, 이탈리아, 벨기에 등의 국가에서는 선수가 대회나 연습에 참가하느라 직장에 가지 못해 받지 못하는 봉급을 보상해 주고 있었다.

잉글랜드 축구협회FA는 이 부분을 '프로페셔널리즘'으로 해석했다. 물론 잉글랜드에서는 이미 프로축구가 노동자 계층의 열화와 같은 성원 속에서 시작된 상태였지만 여전히 FA를 이끌고 있는 인물들은 대부분 명문학교에서 교육받은 영국 상류층 귀족과 신흥 자본가가 많았다. 이들은 여전히 아마추어리즘을 신봉했다. 돈을 받고 축구를 하는 행위를 탐탁지 않게 생각했던 것이다. 하지만 당시 FIFA 회장 쥘 리메는 이를 사회적 편견으로 봤다. 일을 해서 돈을 벌어야 하는 노동자 계층의 '흙수저' 축구 선수가 순수한 아마추어로 남는 일은 불가능하기 때문이다. 그는 아마추어 자격은 '금수저' 선수들만이 누릴 수 있는 호사라고 생각했다.

쥘 리메는 아버지가 채소가게를 운영하던 집안에서 태어난 '흙수저'로 나중에 변호사가 돼 자수성가한 인물이다. 그런 점에서 그는 올림픽에서 아마추어리즘를 고집했던 귀족 출신의 쿠베르탱 남작이나 잉글랜드 FA의 고위인사들과는 출신배경이 달랐다. 더욱이 쥘 리메는 1897년 파리의 레드 스타 클럽을 만들 때도 다양한 사회계층에 속해 있는 선수들을 불러들였던 경험이 있었다. 당시 프랑스 축구 클럽들은 중산층 이상의 선수들이 주로 활약했지만 레드 스타 클럽에는 노동자 계층의 선수가 다수 존재했다. 이런 그의 출신배경과 경험은 아마추어든 프로든 모든 선수가 뛸 수 있는 축구 대회인 월드컵을 기획하는 데 적지 않은 영향을 미쳤다.

쥘 리메와 FIFA 수뇌부는 아마추어만 출전할 수 있던 올림픽 축구에서 벗어나 진정한 세계 축구 대회를 추진하기 시작했다. 이 계획은 1926년 이탈리아, 헝가리, 오스트리아, 체코 등 중부 유럽 국가들이 그들만의 국제 대회 개최를 선언하면서 가속화됐다. 쥘 리메는 이미 1916년 남미 국가들이 코파 아메리카 대회를 창설한 상황에서 또 다른 지역 대회가 열리게 되면 FIFA의 영향력이 줄어들 것으로 판단했다. 이후 월드컵 창설 준비를 위한 소위원회가 조직됐다.

이 시기 FIFA가 대회 개최는 물론이고 흥행에 대한 자신감을 가지고 월드컵 시대를 활짝 열 수 있었던 든든한 배경은 우루과이 축구였다. 우루과이는 올림픽에서 축구를 최고 인기 스포츠 종목으로 만든 주인공이다. 그 출발점은 1924년 파리 올림픽이었다. 오랜 기간 유럽 국가만 참가했던 올림픽 축구의 지평은 1924년 올림픽에서 확장될 수 있었다. 아프리카의 이집트, 북아메리카의 미국과 남아메리카의 우루과이가 이 대회에 참가했기 때문이다.

관심의 초점은 올림픽에서 첫 선을 보인 우루과이였다. 우루과이가 매력적인 패싱 게임으로 유럽의 강호를 연파하는 동안 축구는 파리 올림픽의 큰 화제가 됐다. 우루과이와 스위스가 격돌한 결승전에는 무려 4만여 명의 팬들이 모여 들었고 표를 구하지 못해 경기장 밖에서 서성인 사람도 1만 명에 달했다. 우루과이 효과에 힘입어 파리 올림픽 축구는 모두 합쳐 약 21만 명의 관중을 불러 모았다.

우루과이는 그 자체로 파리와 유럽 사람들에게 이국적인 팀이었다. 무엇보다 우루과이의 축구는 차원이 달랐다. 패스를 받기 위해 선수들은 끊임없이 움직였고 상대를 무력화시키는 속임수

동작과 볼 터치 등 모든 면에서 유럽을 압도했다. 챔피언스리그의 원형이 됐던 유럽 축구 클럽 대항전의 아이디어를 제공했던 프랑스 축구 기자 가브리엘 아노는 "우루과이 선수들의 경이로운 기술은 공을 받는 방식에서부터 나온다"고 말했다.

아노뿐만 아니라 유럽 사람들은 공의 속도와 방향에 맞춰 절묘한 볼 터치를 하는 우루과이 축구의 매력에 흠뻑 빠져 들었다. 곧 우루과이는 유럽과 남미 축구의 가교 역할을 했다. 1925년 우루과이 나시오날 클럽은 유럽 원정을 떠났다. 유럽 9개국 28개 도시를 돌며 38경기를 펼친 나시오날이 이때 거둔 성적은 26승 7무 5패였다. 그동안 나시오날을 보기 위해 경기장에 온 유럽인들은 무려 70만 명이 넘었다.

우루과이는 1928년 암스테르담 올림픽에서도 선풍적인 인기를 끌었다. 올림픽 축구 경기에 모두 25만 명이 넘는 관중이 몰려 들었다. 역시 이 대회에서도 우루과이 축구는 인기의 중심에 있었다. 우루과이가 결승전에서 남미의 라이벌 아르헨티나를 만나자 올림픽 축구에 대한 관심은 절정을 향해 치닫고 있었다. 이 결승전을 직접 관전할 수 있는 좌석은 4만 개였지만 무려 25만 명이 결승전 티켓을 사려고 했을 정도였다. 암스테르담 올림픽 축구 결승전에서 우루과이는 아르헨티나를 제압했다. 대서양을 건너 들려오는 결승전 소식을 수도 몬테비데오 광장의 스피커를 통해 듣고 있던 우루과이 국민들은 열광했다.

우루과이는 1924년과 1928년에 거둔 올림픽 축구 2연패에 큰 자부심을 갖고 있다. 실제로 1924년 FIFA가 올림픽 축구대회의 주최권을 행사하면서 올림픽 축구 우승 팀은 공식적인 세계 챔피언이 됐다. 그래서 우루과이 대표팀 유니폼에는 별이 4개 새겨져 있다. 월드컵 2회 우승과 함께 올림픽 2회 금메달의 영광을 영원히 기념하기 위해서다.

인구가 채 200만 명도 되지 않았던 우루과이가 올림픽 축구 2연패를 기록할 수 있었던 이유는 경제력과 영국의 영향을 받아 자리잡은 축구의 전통이었다. 팬들과 기업가들의 후원 속에서 축구 클럽들은 재정적으로 안정돼 있었고 이를 자양분으로 1920년대 우루과이 축구가 꽃을 피웠다. 축구는 모직, 피혁, 육우 산업이 이끈 우루과이 경제 호황기 시대의 산물이었다.

여기에는 19세기 우루과이를 경제적으로 지배한 영국이 닦아 놓은 철도의 영향이 컸다. 철도는 농산품과 수출품을 무역항까지 실어 날랐다. 철도가 실어 나른 것은 이것만이 아니었다. 철도는 영국의 근대 스포츠 문화가 우루과이 전역으로 전파하는 데에 중요한 역할을 했다. 우루과이의 명문 축구 클럽 페냐롤도

1891년 영국 철도 회사에서 일하는 사람들이 창설한 센트럴 우루과이 철도 클럽Central Uruguay Railway Club에서 시작됐다. 이 클럽은 여름철에는 크리켓을 즐겼고 겨울철에 축구를 했다.

하지만 당시 철도를 근거지로 만들어진 클럽에는 영국인이 대다수를 차지했다. 우루과이인들은 이런 분위기를 바꾸기 위해 1899년 구단 명칭부터 애국적인 느낌이 강하게 드는 클럽 나시오날Nacional을 조직했다.

축구가 성장할 수 있는 기반이 다져지면서 다양한 인종의 선수들이 우루과이 축구 경기장으로 몰려 들었다. 이 와중에 혼혈 흑인 선수들이 두각을 나타냈다. 우루과이는 아르헨티나와 비슷하게 스페인과 이탈리아계 인구가 다수를 차지했고 축구 선수들 가운데도 이들이 주축이었다. 하지만 모든 선수가 백인이었던 아르헨티나 국가대표 축구팀과는 달리 우루과이에는 흑인 혼혈 선수들이 초기부터 국가대표팀의 일원으로 활약했다. 실제로 우루과이는 1916년 제1회 코파 아메리카 대회에 남미에서는 유일하게 흑인 선수를 출전시켰던 국가였다. 당시 칠레는 우루과이에게 패하자 흑인 선수가 출전했다는 이유로 이 패배를 받아들이지 않았다.

최초의 축구 글로벌 스타였던 호세 레안드로 안드라데는 초창기 우루과이 축구 국가대표팀의 대표적인 흑인 혼혈 선수였다.

그는 1924년 파리 올림픽에서 신기의 드리블과 볼 터치로 유럽에서 '불가사의한 흑인'으로 불렸다. 안드라데의 절묘한 패스는 그가 닦은 구두처럼 휘황찬란하게 빛났고 그가 지휘하는 우루과이의 공격은 카니발처럼 화려하게 전개됐다.

안드라데는 카니발 때면 음악을 연주하고 춤을 추는 일을 했고 평소에는 구두닦이였다. 전문적인 축구 선수가 아니라 투잡, 쓰리잡을 뛰는 아마추어 플레이어로 볼 수 있었다. 하지만 그에 대한 유럽 사람들의 관심은 매우 높았다. 물론 그의 경이로운 축구 기술 때문이었다. 게다가 그가 흑인이었다는 점이 당시 그를 올림픽의 스타로 만드는 데 큰 영향을 줬다. 유럽인들이 안드라데를 통해 흑인이 축구를 하는 모습을 처음 봤기 때문이었다.

올림픽에서 나타난 우루과이 신드롬은 월드컵을 꿈꾸던 FIFA에는 하나의 선물이었다. 더욱이 세계 축구의 중심이 유럽이 아닌 남미라는 새로운 명제를 제시해줬다. 전 세계 팀들이 함께 모여 축구로 경쟁하는 월드컵은 이런 배경 속에서 탄생했다.

1930년 독립 100주년을 맞는 우루과이는 제1회 월드컵을 개최했다. 독립 100주년을 기념하기 위해 새로운 지어진 경기장의 이름도 스페인어로 100년을 의미하는 '센테나리오Centenario'였다. 1년 전 미국 월 스트리트에서 시작된 경제공황이 엄습하고 있었지만 우루과이 정부는 모든 참가 팀의 여행과 숙박비용을 제공했다. 유래를 찾을 수 없는 축구 열기도 우루과이를 뒤덮었다. 이 월드컵의 경기 당 평균관중은 3만 명이 넘었다.

아르헨티나와의 결승전에는 무려 9만 3,000명이 운집했다. 당시 우루과이 성인 남성 인구의 20%에 육박하는 엄청난 숫자였다. 결승전 상대인 아르헨티나는 기술적으로 우루과이에 비해 앞서 있었다. 하지만 우루과이는 투쟁심에서 아르헨티나를 압도했고 첫 번째 월드컵 우승을 차지하는 역사의 주인공이 됐다.

근대 축구는 영국이 만들었지만 월드컵이라는 축구 대회는 우루과이가 만들었다는 얘기가 자연스럽게 나왔다. 올림픽의 '아마추어리즘'에서 벗어나 프로 선수도 참여할 수 있는 축구 대회 개최를 목표로 했던 쥘 리메 회장의 꿈도 우루과이 축구와 함께 현실화됐다.

2

식민지 커넥션과
이민 세대가 키운
유럽 축구

2021년 7월 이탈리아의 우승으로 막을 내린 유로 2020에서는 유럽 축구 국가대표팀의 다문화주의 경향이 심화됐다. 물론 튀르키예터키, 폴란드 등과 같이 순수 혈통으로 대표팀을 꾸린 출전국도 있었지만 대세는 분명 다문화주의였다. 과거부터 다문화 팀으로 유명했던 프랑스, 벨기에, 네덜란드, 독일, 포르투갈은 물론이고 덴마크, 스위스, 스웨덴과 러시아도 다문화 선수들의 활약이 두드러졌다. 결승전에서 맞붙은 잉글랜드와 이탈리아도 다문화 선수들의 영향력이 적지 않았다.

이처럼 유럽 축구 국가대표팀에서 순혈주의는 사실상 사라지고 있다. 월드컵 무대에서도 한 때 순혈주의가 판을 쳤지만 어느 순간부터 다문화 팀들이 대거 두각을 나타내고 있다. 일반적으로 유럽에서 다문화 축구 국가대표팀이 많아진 원인으로 글로벌 이주와 국제 결혼을 들고 있다. 일자리를 찾아서 유럽으로 온 이민자 세대나 서로 국적이 다른 부모를 두고 있는 사람들의 숫자가 급속도로 늘어나면서 자연스럽게 유럽 각국에서 다문화 선수들이 많아졌다는 의미다.

하지만 유럽 축구의 다문화주의는 갑자기 생겨난 흐름이 아니다. 그 역사가 꽤 오래됐고 특정 국가가 월드컵에서 좋은 성적을 기록하는 데 결정적 역할을 한 경우도 많았다. 그렇다면 유럽 축구의 다문화주의는 언제 어떻게 생겨났을까?

월드컵 역사에서 유럽 국가 가운데 최초로 다문화주의의 혜택을 본 국가는 뜻밖에도 이탈리아다. 물론 오늘날의 이탈리아 축구 국가대표팀에는 브라질에서 태어난 중원의 컨트롤 타워 조르지뉴가 현재 활약 중이고 가나 이민자의 아들인 스트라이커 마리오 발로텔리도 한때 꽤 활약한 바 있다. 하지만 이탈리아 대표팀은 지금까지 대체로 순혈주의 성향을 보였다.

이탈리아 프로축구는 1920년대부터 번성했다. 재능 있는 선수를 확보하려는 클럽들의 경쟁이 치열했고 선수들의 급여 수준도 크게 올랐다. 이탈리아 클럽들은 남미 선수들을 주시했고 1924년과 1928년 우루과이와 아르헨티나가 좋은 성적을 내면서 남미 선수들에 대한 관심이 증폭됐다. 이 시기에 최초로 아르헨티나 선수가 이탈리아의 토리노 클럽으로 이적했다. 그의 이름은 훌리오 리보나티. 골 결정력이 뛰어난 그의 별명은 투우 경기에서 소에게 최후의 일격을 가하는 투우사 '마타도르'였다. 이미 아르헨티나 축구 국가대표로도 활약했던 리보나티는 1926년에 이탈리아 대표팀에도 선발됐다. 이때부터 이탈리아 축구의 짧지만 화려했던 다문화 시대가 열렸다.

월드컵에서 이탈리아 축구를 정상으로 끌어 올린 '오리운

디Oriundi'는 이렇게 탄생했다. 오리운디는 이탈리아 혈통을 가지고 있는 해외 거주자를 의미했다. 우리로 치면 한국계 외국인이다. 이탈리아 축구 국가대표팀의 최초 오리운디인 리보나티의 아버지는 이탈리아 남부 칼라브리아 지역 출신으로 19세기 말 아르헨티나로 떠난 이민자였다. 라보나티의 아버지처럼 이 시기에 인생의 엘도라도를 찾아 아르헨티나로 떠난 이탈리아 사람들은 정말 많았다. 특히 산업적으로 발달이 더딘 편이었던 이탈리아 남부 농촌 출신이 대다수를 차지했다.

1920~30년대 아르헨티나 부에노스아이레스에는 이탈리아 이민자가 도시 인구의 1/3이나 될 정도로 많아 이들이 주로 거주하던 보카 지구에는 이탈리아 신문이 배달됐고 이탈리아 풍의 오페라 하우스가 생겨났다. 부에노스아이레스는 이탈리아 이민자들에 의해 새롭게 태어난 도시나 다름없었다. 이탈리아 이민자들은 고된 일상에서 쌓인 스트레스를 풀기 위해 정열적인 탱고 댄스를 췄고 아르헨티나 사회에 적응하기 위해 축구에 더 빠져들었다. 그리고 이들은 아르헨티나 축구에 지대한 영향을 미쳤다. 1978년, 1986년 월드컵에서 아르헨티나를 정상으로 이끈 마리오 켐페스와 디에고 마라도나의 어머니는 모두 이탈리아 이민자였다. (리오넬 메시 역시 이탈리아에 뿌리를 두고 있다.)

하지만 1934년 월드컵에서 아르헨티나에 살던 이탈리아 혈통
의 선수들은 모국인 이탈리아의 사상 첫 월드컵 우승에 기여했
다. 이 세 명의 오리운디는 라이문도 오르시, 엔리케 과이타와
루이스 몬티였다. 이들은 광기 섞인 무솔리니의 파시즘이 월드
컵 그라운드를 뜨겁게 달궜던 이탈리아 월드컵의 영웅이 됐다.
이탈리아인이라면 어디에 있든지 이탈리아 축구를 위해 다시 고
국으로 돌아와야 한다는 파시스트 정권의 전략은 대성공이었다.

그렇지만 이탈리아의 오리운디 귀환 정책을 완성시킨 건 정권
이 아니라 이탈리아 클럽들의 '머니 파워'였다. 1928년 올림픽에
서 아르헨티나 대표로 활약했던 오르시가 1년 뒤 이탈리아 유벤
투스로 이적한 이유도 돈이었다. 오르시의 계약조건은 계약금
10만 리라와 주급 8,000리라였다. 주급 8,000리라는 당시 이탈
리아 변호사들의 평균 주급에 거의 7~8배에 달하는 엄청난 액수
였다. 여기에 유벤투스의 모기업인 피아트의 자동차까지 제공받
았다. 당시까지 유례를 찾기 힘든 초특급 계약이었다. 그는 유벤
투스를 5번이나 리그 정상에 올려 놓았을 뿐 아니라 1934년 월
드컵 결승전에서 골까지 넣었다.

하지만 매우 흥미롭게도 이탈리아와 이 오리운디 3인의 관계
는 진정성이 결여되어 있었다. 월드컵 우승 이후 이탈리아는 모

든 선수들에게 특별 메달을 선사했지만 오리운디에게는 주지 않았다. 이후 두 명의 오리운디는 이탈리아가 에티오피아와 전쟁을 앞두고 있을 때 징집 영장을 받을 수 있다는 두려움에 프랑스로 도주했다. 이탈리아는 오리운디를 단순히 '축구 용병'으로 여겼고, 반대로 오리운디 역시 조국 이탈리아에 대한 애국심이 약했다.

그렇지만 1950년대에도 이탈리아는 오리운디 정책을 고수했다. 남미 선수들이 국적을 바꿔 이탈리아 국가대표팀 선수가 되도록 유도했다. 물론 여기에는 그럴 만한 사정도 있었다. 1949년 당대 이탈리아 축구를 주름잡던 토리노 FC의 선수 18명이 비행기 사고로 목숨을 잃는 비극적인 일이 있었다. 이 중에는 이탈리아 국가 대표팀의 주전 선수들이 많이 포함돼 있었다. 이 사고로 전력이 약화된 이탈리아가 오리운디를 찾는 것은 자연스러운 수순이었던 셈이다.

그러나 이 시기 이탈리아의 오리운디 정책은 실패했다. 1958년 월드컵 예선에서 이탈리아는 북아일랜드와 포르투갈에 패해 본선진출을 하지 못했다. 1930년 제1회 월드컵 이후 이탈리아 축구가 월드컵 본선에 진출하지 못한 것은 이때가 처음이었다. 당시 이탈리아에는 1950년 우루과이를 월드컵 정상으로 이끈 2명의 오리운디인 기지아와 스키아피노가 있었지만 이들은 이탈리아의 월드컵 본선 진출 실패의 희생양이 됐다. 성공, 실패를 떠나 이탈리아는 이후에도 새로운 오리운디를 영입했다. 1958년 월드컵 우승팀 브라질에서 뛰었던 알타피니였다. 하지만 FIFA는 국제무대에서 국가간의 공정한 경쟁을 위해 브라질 국가대표 출신인 알타피니가 푸른색 이탈리아 유니폼을 입고 월드컵에서 뛰는 것을 금지시켰다.

이탈리아 혈통의 남미 이민세대가 월드컵에서 아주리 군단의 빛나는 전통을 만들었다면 포르투갈은 아프리카 식민지 커넥션으로 1960년대 세계 축구를 뒤흔들었다. 포르투갈은 15세기부터 시작된 대항해시대의 포문을 연 국가였다. 1488년 탐험가 바스쿠 다가마의 아프리카 희망봉 발견이 그 출발점이었다. 이후 포르투갈은 인도 항로 개척을 위한 탐험을 하다 1505년 모잠비크라는 아프리카 식민지를 건설했다.

모잠비크는 400년이 넘는 시간이 흐른 뒤 포르투갈 축구의 운명을 바꿨다. 모잠비크에서 출생한 선수들은 포르투갈에 건너와 프로 팀에서 활약했고 이들은 1966년 포르투갈의 월드컵 돌풍을 이끌었다. 포르투갈을 정상급 팀으로 만든 주인공은 에우제비우였다. 1961년 모잠비크를 떠나 포르투갈 벤피카에 입단

한 에우제비우는 5년 뒤 월드컵에서 득점왕이 됐다. 에우제비우는 같은 고향 출신의 마리우 콜루나와 함께 포르투갈 축구에 없어서는 안 될 존재로 부상했다. 당시 포르투갈에는 4명의 모잠비크 출생 선수들이 주전으로 활약했다. 유럽 축구 국가대표팀에 이렇게 많은 흑인 선수가 포함된 적은 1966년 월드컵의 포르투갈이 처음이라 팬들의 관심이 집중됐다.

포르투갈의 독재자 살라자르는 에우제비우와 모잠비크 선수들의 월드컵 활약을 놓치지 않았다. 그는 포르투갈이 모잠비크를 계속 식민지배 해야 하는 정당성을 찾고 있었다. 모잠비크에서 거센 무장 독립 투쟁이 이어졌기 때문이다. 살라자르는 1966년 월드컵 본선에 모잠비크가 출전하지 못했고 대신 포르투갈이 모잠비크 선수까지 포용해 좋은 성적을 냈다는 점을 강조했다. 이렇게 1966년 포르투갈의 월드컵 4강은 여전히 모잠비크가 포르투갈이라는 식민 체제 아래에 있어야 한다는 독재자의 주장을 위해 활용됐다.

에우제비우는 포르투갈은 물론 아프리카에서도 영웅으로 떠올랐다. 에우제비우와 모잠비크 출신 선수들처럼 언젠가는 다른 아프리카 선수들도 월드컵에서 뭔가 큰 일을 할 수 있을 거라는 희망을 주는 존재가 된 것이다. 에우제비우를 통해 아프리카 축구는 월드컵의 꿈을 꾸게 됐지만 현실은 그렇지 않았다. 당시 아시아, 아프리카, 오세아니아 지역을 모두 합쳐 월드컵 본선 진출 티켓은 단 1장뿐이었다. 이에 반발한 아프리카 국가들은 1966년 월드컵을 보이콧했다.

포르투갈은 1966년 월드컵에서 모잠비크뿐만 아니라 또다른 식민지 국가 브라질의 도움을 받았다. 당시 포르투갈의 감독 오토 글로리아는 브라질 출신이었다. 이 같은 전통은 21세기에도 이어졌다. 2002 한일 월드컵에서 브라질을 우승으로 이끈 펠리페 스콜라리 감독은 이후 포르투갈의 지휘봉을 잡아 유로 2004 준우승과 2006 월드컵 4강의 성적을 기록했다. 이 시기에 브라질 출신 선수 데쿠가 포르투갈 대표팀에서 큰 활약을 했고, 최근까지 포르투갈 대표팀이 수비진을 이끌었던 페페 역시 브라질 출신이다.

포르투갈 축구의 식민지 커넥션이 1960년대의 현상이었다면 네덜란드 축구는 1980년대 후반 수리남 커넥션을 통해 세계 축구계를 뒤흔들었다. 1975년 독립한 수리남은 네덜란드의 식민지였다. 적지 않은 수리남 사람들은 1950년대부터 네덜란드로 이주했다. 이런 흐름은 수리남 독립 이후에 가속화됐다. 특히 1980년대 독재정권의 등장과 함께 국가 경제가 침몰하면서 수리남 사람들은 생존을 위해 네덜란드 이주를 선택했다. 네덜란드 프로축구 클럽에서도 1950년대부터 수리남 출신 선수들이 뛰기 시작했다. 그 가운데 수비수 험프리 메이날스는 1960년 수리남 출신 흑인으로는 최초로 네덜란드 축구 국가대표팀 선수가 됐다.

하지만 네덜란드 축구를 바꿔 놓은 수리남 혈통의 선수는 루트 굴리트와 그의 어린 시절 친구 프랑크 레이카르트였다. 두 선수는 1988년 네덜란드 축구의 첫 메이저 타이틀인 유로 대회 우승을 이끌었다. 두 선수는 효율적이지만 창의성이 부족했던 1980년대 네덜란드 축구에 새로운 활기를 불어넣었다.

'이들이 없었다면 네덜란드 축구는 로봇 같이 딱딱하고 따분한 독일 축구처럼 됐을 것이다'는 평가도 뒤따랐다. 무엇보다 두 선수의 활약에 힘입어 네덜란드 사회가 수리남 사람들을 바라보는 시선이 바뀌었다. 1970년대 네덜란드 사회 하류층에 속해 있던 수리남 사람들은 마약에 빠져 있는 경우가 많아 부정적인 인식이 있었으나 두 청년이 축구로 이를 바꿔낸 것이다.

1990년대 이후 수리남 핏줄의 선수는 네덜란드 축구의 중요한 주축으로 자리잡았다. 물론 네덜란드 대표팀 내에서 흑백 갈등이 있었던 적은 있었지만 21세기에도 수리남 계열 선수들의 역할은 여전히 중요했다. 2000년 독일과의 친선경기에는 무려 6명의 수리남 혈통 선수들이 네덜란드 대표로 뛰었고 감독 또한 레이카르트였다. 현재 네덜란드 국가대표팀의 핵심 수비수 버질 반 다이크와 미드필더 조르지니오 바이날둠 역시 수리남 혈통의 선수들이다.

19세기 벨기에 국왕 레오폴드 2세는 식민지 콩고에서 자행된 노동착취와 원주민 학살로 국제사회에서 맹비난을 받았다. 그는 콩고에서 고무와 카카오 수탈을 일삼았다. 벨기에는 콩고에서 건너온 카카오를 원재료로 세계 최고 수준의 초콜렛 산업을 일궜다. 이처럼 콩고는 다른 유럽의 아프리카 식민지가 겪었던 것보다 훨씬 더 고통스러운 슬픈 역사를 간직하고 있다.

아이러니하게도 지난 10년 간의 벨기에 축구는 콩고를 빼놓고 설명하기 힘들다. 이 시기에 벨기에 축구를 이끈 공격과 수비의 대들보는 모두 콩고 혈통의 로멜루 루카쿠와 뱅상 콤파니였다. 콤파니는 대표팀을 은퇴했지만 여전히 공격은 루카쿠가 이끌고 있다. 벨기에 대표팀에는 루카쿠 외에도 콩고 계열 선수 유리 틸레만스와 미치 바추아이가 있다.

콩고 선수들이 벨기에 프로축구 팀으로 향하기 시작한 건 1950년대 후반이었다. 하지만 1962년 콩고가 자국 선수들의 해

외 이적을 금지시키면서 벨기에로의 이동 또한 중지됐다. 콩고
는 이후 자이르로 나라 이름이 바뀌었다. 구리, 코발트, 우라늄
등 광물자원을 팔아 독재를 유지했던 모부투는 자이르의 월드컵
본선 진출을 위해 축구 후원을 아끼지 않았고 이 꿈을 1974년에
이뤘다.

하지만 월드컵 본선에서 자이르는 국제 무대 경험 부족으로
어려움을 겪었다. 당시 자이르에는 해외에서 활약했던 선수가 1
명도 없었다. 1962년부터 시행됐던 선수들의 해외이적 금지 조
항의 여파였다. 콩고는 이후 월드컵 본선에 단 한 번도 진출하지
못했다. 반대로 일거리를 찾아 벨기에로 건너온 콩고 이민자들
의 후손은 벨기에 축구 부흥에 결정적 역할을 했다.

영국은 제국주의 시절 전 세계에 걸쳐 식민지가 많아 '해가 지
지 않는 나라'로 불렸다. 그만큼 잉글랜드 축구가 식민지 커넥션
을 활용할 수 있는 여지는 컸다. 하지만 의외로 잉글랜드 축구
역사에서 식민지 커넥션은 그리 중요하게 작용하지 않았다. 잉
글랜드 축구 대표팀에 과거 식민지 국가 혈통의 선수가 최초로
선발된 것은 1978년으로 다른 유럽 국가에 비하면 꽤 많이 늦었
다. 그의 이름은 자메이카 혈통의 비브 앤더슨. 그는 1978-79 시
즌과 1979-80 시즌에 유러피언 컵에서 우승을 차지한 노팅엄 포

레스트의 주전 수비수로 1978년부터 1988년까지 잉글랜드 대표 선수로 뛰었다.

이후 비브 앤더슨이 열어 놓은 길을 카리브해 연안 국가 혈통의 선수들이 걷게 됐다. 1996년 잉글랜드 축구 역사상 최초의 흑인 주장이 된 폴 인스도 그 중 한 명의 선수였다. 현재 잉글랜드 대표팀에도 카리브해 연안 국가에 뿌리를 두고 있는 선수들이 많다. 라힘 스털링, 카일 워커, 마커스 래시포드가 모두 이 범주에 들어간다.

대영제국이 일찌감치 식민지로 만든 카리브해 연안 국가는 대부분 사탕수수 산업이 발전했다. 산업혁명을 이끌어야 할 영국 노동자들에게 절실한 건 고열량의 설탕이었다. 그들은 카리브해 연안 국가의 사탕수수에서 추출된 설탕을 커피와 홍차에 타서 먹었다. 피곤함과 허기를 채우기 위해서였다. 값싼 가격으로 대영제국에 설탕을 조달하는 역할을 했던 카리브해 연안 지역에는 수많은 흑인 노예들이 끌려와 혹독한 노동에 시달렸다. 이들은 2차 대전이 끝난 뒤 전쟁 복구 사업이 진행되던 영국으로 건너와 일자리를 잡았다. 그리고 이 세대의 후손들이 잉글랜드 축구에 기여했다.

영국과 함께 가장 많은 식민지를 지배했던 프랑스는 식민지 커넥션을 바탕으로 축구 강국으로 부상할 수 있었다. 프랑스 프로 축구 리그는 초기부터 외국인 선수에 대한 의존도가 높았다. 1938년 모로코에서 온 라르비 벤 바렉이 프랑스 축구의 아이콘이 되면서 이런 현상은 심화됐다. 1945년부터 1962년 사이에 프랑스 프로 축구 리그에는 100명이 넘는 북아프리카 계열 선수들이 뛰었다. 이 가운데 12명의 선수가 프랑스 국가대표가 됐다. 이 당시 프랑스 대표팀 선수 중에는 북아프리카의 프랑스 식민지에서 태어난 프랑스 사람도 있었으며 다른 유럽 국가에서 프랑스로 이주한 이민자들도 있었다.

프랑스 다문화 축구는 1958년 월드컵에서 빛났다. 프랑스에는 모로코 출생 선수, 폴란드 이민자의 아들과 이탈리아 혈통의 선수가 공격에서 대활약을 했다. 이 대회 득점왕에 오른 쥐스트 퐁텐느는 모로코 출생 선수였고 로제르 피앙토니는 이탈리아의 계열의 선수였다. 무엇보다 당대 프랑스의 최고 스타는 폴란드 이민자의 아들로 프랑스 탄광에서 광부로 일했던 레몽 코파였다. 원래 그의 이름은 레몽 코파제프스키였지만 폴란드식 성姓을 코파로 바꿨다. 유럽 최강 팀 레알 마드리드에서 알프레도 디 스테파노, 페렌츠 푸슈카시와 호흡을 맞췄던 코파와 다문화 선수들은 프랑스를 월드컵 4강에 올려 놓았다.

폴란드와 이탈리아의 가난한 이민자들은 1차 대전이 끝난 뒤 프랑스로 몰려 들었다. 1차 대전으로 폐허가 된 프랑스 공장과 탄광이 이 시기에 재건됐기 때문이었다. 이때 프란체스코 플라티니라는 사람도 이탈리아에서 프랑스로 이주했다. 그의 아들이 바로 프랑스 축구를 예술의 경기로 끌어 올린 미셸 플라티니였다. 플라티니는 1982년과 1986년 월드컵에서 프랑스를 4강으로 이끌었다. 1984년에는 프랑스 축구를 사상 처음으로 유로 대회에서 우승으로 인도했다. 유연한 패스 축구의 진수를 선보였던 플라티니의 파트너는 말리 출신으로 한때 스파게티 공장에서 일했던 장 티카나였다.

프랑스는 월드컵과 다문화 선수의 역할이라는 측면에서 1998년 기념비적인 결과를 만들어냈다. 이 대회에서 우승을 차지했던 프랑스의 주축 선수들은 대부분 다문화 선수였고 그들의 혈통도 다양했다. 지네딘 지단은 알제리 혈통이었고 티에리 앙리와 릴리앙 튀랑은 과달루페 계열의 선수였다. 수비의 핵 마르셀 드사이도 가나 출신이었다.

이처럼 당시 프랑스 축구는 다양한 이민세대가 함께 만든 조각품이라고 해도 과언이 아니었다. 극우 정치인 장 마리 르펜은 다문화 프랑스 축구 대표팀에 대해 "국가대표 선수들이 프랑스 국가도 부르지 못한다"고 비꼬았지만 월드컵 우승을 이끈 이들에 대해 프랑스 사회와 국민들은 찬사를 보냈다.

'똘레랑스'로 알려진 프랑스 특유의 관용과 포용 정신 속에서 다문화 선수들이 뛸 수 있는 공간이 존재할 수 있었다는 분석도 잇따랐다. 20년 뒤 프랑스가 두 번째 월드컵 우승을 차지할 때도 다문화 선수들이 화제의 중심에 섰다. 카메룬 출신의 아버지를 둔 킬리앙 음바페는 이 대회가 낳은 최고의 스타였다. 음바페와 함께 프랑스 공격을 주도했던 앙트완 그리즈만은 독일계 아버지와 포르투갈계 어머니 사이에서 태어난 선수였다.

1970~80년대 유럽 축구 강국 가운데 대표적 순혈주의 팀은 이탈리아와 서독이었다. 두 국가가 과거와 달리 축구 국가 대표팀의 순혈주의를 유지했던 여러 이유 중 하나는 사실상 식민지가 없었기 때문이었다. 19세기 후반부터 이 두 나라는 영국이나 프랑스처럼 식민지를 개척했지만 1차 대전에서 패전국이 되면서 지배했던 식민지 모두를 승전국에 넘겨줘야 했다. 이 두 국가의 축구에서 식민지 커넥션이 크게 영향력을 발휘하지 못한 배경이었다.

이미 1954년 월드컵 정상에 올랐고 1974년에도 우승을 차지했던 서독 국가 대표팀에는 다문화 선수가 설 자리가 없었다. 흑인 선수로 1974년 서독 축구 국가대표팀에 최초로 선발된 에르 빈 코스테데가 있긴 했지만 그의 역할은 미미했다. 2001년 가나 혈통의 게랄트 아사모아가 독일 대표팀에 뽑혔지만 그도 2002 년과 2006년 월드컵에서 벤치를 지켜야 했다. 2002년 월드컵에 서 준우승을 차지한 독일의 특징은 과거 동·서독 분단 시절 동독 지역에서 출생한 선수들이 7명이나 뛰었다는 점이었다. 이들 중 독일의 주축 멤버는 미하엘 발락, 베른트 슈나이더와 옌스 예레 미스였다. 실제로 동독 지역에서 출생한 축구 선수들은 1992년 유로 대회부터 독일 국가 대표팀에서 활약하기 시작했고 1996 년 유로 대회에서 독일이 우승을 차지하는 데에도 적지 않은 역 할을 했다.

이처럼 통일이 독일 축구 국가대표팀의 발전에 도움이 된 건 사실이었지만 독일 경제에는 좋은 영향을 미치지 못했다. 1993 년 독일 경제는 2차 대전 이후 처음으로 마이너스 성장을 하게 됐고 옛 동독 지역의 실업률은 15%를 넘어섰다. 독일 통일은 적 어도 초기에는 경제적으로 재앙에 가까운 수준이었다. 하지만 독일 경제는 1999년 유로화 가입으로 회생하기 시작했다. 수출 에 특화된 제조업에서 강점을 가지고 있는 독일은 마르크화보다 환율이 낮은 유로화를 쓰게 되면서 수출제품의 가격 경쟁력이 생겼기 때문이었다.

이렇게 찾아온 자동차를 비롯한 독일의 제조업의 황금기는 해외 이주 노동자의 유입을 촉진시켰고 해외에 공장을 만들어 수출을 가속화했다. 이 시기에 아프리카 등 저개발 국가의 노동자들은 독일로 이동했다. 그리고 이런 변화는 21세기 초반 독일 축구의 다문화적 특성을 강화시켰다. 독일 대표팀에 다양한 인종의 선수들이 선발된 것도 이 시기였다. 지금까지 독일 축구에서 보기 힘들었던 유형의 테크니션인 메수트 외질튀르키예계을 비롯해 제롬 보아텡가나계, 사미 케디라튀니지계 등이 대표적이었다. 이들은 폴란드에서 출생했지만 독일로 건너왔던 미로슬라프 클로제와 루카스 포돌스키와 호흡을 맞추며 2014년 독일의 4번째 월드컵 우승을 이끌었다.

한 때 '녹슨 전차'라는 비판을 받았던 독일 축구의 성공적 변신에는 다문화 선수들의 영향이 컸다. 이번 2022 카타르 월드컵에 나서는 독일 축구 국가대표팀에도 르로이 사네세네갈계, 세르주 그나브리코트디브아르계, 안토니오 뤼디거시에라리온계, 일카이 귄도안튀르키예계, 틸로 케러부룬디, 아르멜 벨라코차프카메룬, 카림 아데예미나이지리아 등 다문화 선수들이 대거 포함될 전망이다.

3

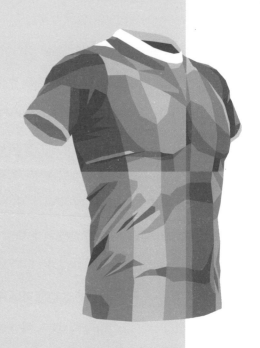

월드컵은
언제부터
진짜 '월드'컵이
됐을까?

1966년 월드컵이 끝난 뒤 영국의 「데일리 익스프레스」는 1974년 월드컵 4강 후보를 빠르게 미리 예측했다. 이 신문이 예상한 월드컵 4강 후보는 가나, 중국, 모잠비크와 북한이었다. 물론 농담조로 가볍게 8년 후의 대회를 예상한 것이었다. 하지만 아시아와 아프리카 국가들의 축구의 잠재력을 최초로 인정한 유럽 언론의 기사라는 점에서는 의미가 있다. 「데일리 익스프레스」는 왜 이런 예측을 내놓을까? 1966년 잉글랜드에서 펼쳐진 월드컵에서 북한이 8강에 올랐고 4강에 진출한 포르투갈에는 에우제비우를 포함해 모잠비크 출신 선수가 활약했기 때문이다.

국제축구연맹 FIFA가 주최한 월드컵의 '월드World'는 이중적인 의미를 가지고 있다. 우선 월드컵에는 세계 모든 대륙의 국가가 참여할 수 있는 문자 그대로 전지구적인 축구 대회라는 뜻이 포함돼 있다. 하지만 사실 유럽과 남미 대륙을 뺀 나머지 대륙의 국가들은 오랫동안 들러리에 불과했다. 심지어 과거에는 아시아나 아프리카 대륙에 할당된 월드컵 본선 티켓 숫자가 매우 적었기 때문에 이 지역 국가들에게 월드컵 본선 진출은 정말 하늘의 별 따기였다. 그래서 월드컵 본선 진출이라는 것이 '적어도 축구를 통해서는 우리도 세계적인 나라가 됐구나' 하는 만족감을 주기에 충분한 국가적 성취였다.

그렇다면 FIFA 월드컵은 언제부터 진정한 '월드'컵이 됐을까? 꽤 많은 축구 전문가들은 1982년 스페인 월드컵을 최초의 진정한 월드컵으로 평가하고 있다. 1982년 대회는 월드컵 대회 역사상 최초로 24개 팀이 본선 진출한 대회였다. 아프리카 대륙에도 2장, 아시아·오세아니아에도 2장의 본선 진출 티켓이 분배되었다. 1978년까지 아시아와 아프리카에는 월드컵 티켓이 1장씩만 배정됐다. 지금이야 한국의 월드컵 본선 진출이 너무나 당연스럽게 느껴지는 일이 됐지만 1970년대까지만 하더라도 한국 축구에 있어 월드컵 본선 진출이 꿈같던 일이었던 것은 월드컵의 '좁은 문'이 한몫을 했다.

1982년 대회에는 월드컵 첫 출전 국가가 무려 6개국이나 됐다. '축구 전쟁'으로 유명한 엘살바도르와 온두라스가 출전했고 알제리, 카메룬, 쿠웨이트, 뉴질랜드도 처음으로 출전했다. 알제리는 이 대회에서 큰일을 냈다. 알제리는 조별예선에서 서독을 2-1로 꺾었다. 서독은 예선 탈락 위기에 몰렸지만 마지막 오스트리아와의 경기에서 1-0으로 승리해 8강에 올랐고 알제리는 탈락했다. 그런데 이 조별 예선 마지막 경기는 사실상 승부조작으로 볼 수밖에 없는 깨끗하지 않은 경기였다. 서독이 적은 점수차로 오스트리아를 이기면 득실 차에 따라 두 팀이 함께 12강에 오를

수 있다는 사실을 모두 잘 알고 있었고, 경기 역시 예상대로, 어
쩌면 '각본'대로 끝났다. 알제리로서는 너무나 억울하고 안타까
운 월드컵이었다.

반대로 위기를 모면한 서독은 우승후보 프랑스를 준결승에서
제압하며 결승까지 올라갔다. 이 경기에서 서독의 골키퍼 슈마
허는 공격에 가담한 프랑스 수비수 바티스통과 고의적으로 충돌
하여 큰 부상을 입혔고, 바티스통은 의식을 찾지 못한 채 경기장
에서 실려 나가는 일까지 발생했다. 이후 경기의 흐름이 바뀌었
고 두 팀은 치열하게 맞서 싸우며 연장전까지 3-3으로 승부를 가
리지 못했다. 하지만 서독은 1982년 월드컵에서 처음 도입된 승
부차기 제도에서 프랑스를 5-4로 물리치며 가까스로 결승에 진
출하게 됐다. 만약 결승전에서 이탈리아가 서독을 제압하지 못
했다면 월드컵 역사상 최악의 우승 팀이 탄생할 뻔한 대회였다.

1982년 월드컵을 최초의 진짜 월드컵으로 부르는 이유는 본선
진출국이 늘어났고, 첫 출전한 나라들이 늘어난 것 외에 또 있
다. 이 대회는 월드컵 사상 최초로 100억 명이 넘는 TV 시청자
수를 기록하며 흥행에 성공했다. 1966년 월드컵부터 해외 위성
중계가 시작됐지만, 16년이 지난 1982년에 이르러서야 월드컵
의 해외 중계가 전 세계적인 현상으로 자리잡은 셈이다. 이 때문

에 글로벌 기업들의 월드컵 스폰서십도 크게 확장됐다. 당시 최고의 전성기를 누리고 있던 캐논, 후지 필름 등 일본의 4개 기업이 월드컵 스폰서십에 참여했다. 1982년 대회는 그래서 글로벌 월드컵 스폰서십의 원년으로도 평가된다.

1982년 월드컵은 본선 진출 국가 선수 중 해외 프로팀에서 활약하는 선수가 조금씩 늘어나기 시작했던 대회이기도 하다. 물론 유럽 국가 대표팀 선수들은 어전히 자국 프로팀에서 활약하는 경우가 다반사였다. 하지만 아프리카는 상황이 많이 달라졌다. 이 대회 본선에 오른 알제리와 카메룬 선수들 중 상당수는 프랑스 등 해외 리그에서 활약하고 있었다.

그러나 대륙별 경기력 편차라는 측면에서는 1982년 월드컵 역시 진정한 월드컵으로 부르기 어려운 점이 있다. 아프리카, 아시아, 오세아니아, 북중미를 대표해 월드컵에 출전한 6개국은 조별예선 총 18경기에서 단 2승만을 기록했다. 아프리카의 알제리와 카메룬을 제외하면 나머지 4개국은 모두 소속된 조에서 최하위에 머물렀다. 아시아, 오세아니아, 아프리카 등 축구 제3세계의 월드컵 출전 티켓을 늘려주겠다는 공약을 했던 주앙 아벨란제는 이 덕분에 1974년 FIFA 회장에 당선됐다. 그리고 그는 1982년 대회를 통해 이 지역들의 월드컵 출전 티켓을 늘렸지만 결과는 전반적인 월드컵 대회 경기력의 저하로 이어졌다는 비판에 직면했다. 유럽과 남미에 비해 아직 타 지역 축구는 너무 약하다는 비판이었다.

이런 점에서 생각하면 진짜 월드컵의 시작은 어쩌면 2002년 한일 월드컵일지도 모른다. 이 대회 8강에 오른 국가들의 면면을 보면 대륙별 분포가 상당히 고르게 나타났다. 그동안 월드컵의 들러리였던 아시아, 아프리카, 북중미 국가가 월드컵 역사상 최초로 모두 8강에 올랐다. 한국, 세네갈과 미국이 그 주인공이었다. 반대로 유럽과 남미의 몇몇 축구 강국은 이 대회 조별 예선에서 일찌감치 탈락하는 치욕을 맛봤다. 1998년 월드컵 우승팀 프랑스와 강호 포르투갈, 아르헨티나로서는 2002년 한일 월드컵이 최악의 대회였다.

유럽과 아메리카 대륙이 아닌 곳에서 최초로 펼쳐진 한일 월드컵을 앞두고 이변이 많을 것이라는 전망이 있기는 했지만 한국의 4강 진출을 필두로 많은 기적이 연출된 셈이었다. 그렇다면 왜 이런 일이 발생했을까? 이를 설명하기 위해 한일 월드컵의 일정을 얘기하지 않을 수 없다. 한국과 일본의 장마 때문에 2002년 월드컵은 평소보다 일찍 개막했다. 그래서 월드컵 개막전이 5월 31일에 진행됐다. 1998년 월드컵이 6월 10일에 개막했다는 점을 고려하면 2002년 월드컵은 10일 정도 빠르게 열린 셈이다.

이 일정은 몇몇 팀에는 독이 됐다. 유럽 각국의 프로 축구 리그 일정은 대략 5월 초에 마무리된다. 하지만 2001-2002 시즌 유럽 프로축구 클럽 대항전인 챔피언스리그는 5월 15일에 끝났다. 유럽 프로축구에서도 빅리그, 빅클럽에서 뛰고 있는 선수들은 이 때문에 혹독한 일정을 맞닥뜨려야 했다. 만약 2001-2002 시즌 챔피언스리그 결승에 진출한 선수가 2002년 월드컵에 참가할 경우에는 2주 남짓한 짧은 휴식, 훈련 기간이 주어진 것이었다.

이 최악의 경우를 극복하지 못한 이들이 바로 프랑스의 지네딘 지단과 포르투갈의 루이스 피구였다. 두 선수는 레알마드리드 소속으로 팀의 챔피언스리그 우승을 이끌었지만 월드컵에서는 피로와 부상의 여파로 제 활약을 하지 못했고 프랑스와 포르투갈의 조별 예선 탈락에 큰 영향을 미쳤다. 지단은 허벅지 부상 때문에 조별예선 두 경기에 결장했고 마지막 덴마크전에 출전하기는 했지만 프랑스의 패배를 막지 못하고 예선 탈락을 지켜봐야 했다. 이 경기에서 덴마크의 응원단은 '오 프랑스는 오늘 집으로 간다Oh! France Going Home Tonight'이라는 노래를 목청껏 불렀다.

2002년 월드컵이 끝난 뒤에 FIFA는 선수들의 '번 아웃'에 대해 심층적인 조사를 펼쳐야 했다. 프랑스 중원의 핵이었던 파트릭 비에이라는 "컵 대회를 제외한다고 하더라도 1년에 클럽에서 리그 38경기, 챔피언스리그 17경기를 치른 선수는 월드컵에서 녹초가 될 수밖에 없다"고 하소연했다. 이처럼 유럽 프로축구의 살인적인 일정과 빨라진 2002년 월드컵 개막이 맞물리면서 나타난 주요 선수들의 부진은 이변의 충분조건이었다. 개최국 한국 등 오랜 기간 손발을 맞춰가면서 팀 플레이를 만들 수 있는 팀도 있었지만, 유럽 축구 강호들은 선수들이 최소한의 휴식시간도 갖지 못했다는 의미였다. 실제로 한국은 월드컵을 위해 K리그 2022시즌의 개막을 월드컵 이후인 7월로 미뤘다. (일본의 J리그는 예년과 비슷하게 3월 개막을 유지했다.)

하지만 순전히 유럽과 남미의 스타 선수들의 '번 아웃' 때문에 한국, 세네갈, 미국이 2002년 월드컵에서 좋은 성적을 낸 것이라고는 볼 수 없다. 이 3개국은 그 어떤 참가국 이상으로 2002 월드컵을 잘 준비한 팀이었다. 최상급의 스타 없이도 월드컵에서 중요한 이정표를 남겼다. 무엇보다 유럽과 남미가 독점했던 월드컵 그라운드의 무게 중심을 이동시켰다는 데에 의미가 크다. 월드컵의 대륙별 평준화는 이렇게 시작됐다.

4

동독·서독
국경을 넘은
독일의 월드컵 중계

1954년 스위스 월드컵에서는 월드컵 역사상 최초로 텔레비전 생중계가 이뤄졌다. 그래서 아직도 1954년 대회와 관련된 영상 자료들이 꽤 많이 남아 있고 유튜브 등의 플랫폼을 통해서도 시청할 수 있다. 처음으로 월드컵 본선에 진출한 한국의 자료도 볼 수 있다. 한국은 비록 강호 헝가리, 튀르키예와의 경기에서 참패했지만 휴전협정이 맺어진 뒤 채 1년도 안 돼 월드컵에 출전한 사실만으로도 세계 축구 팬들의 관심을 받을 수 있었다.

이 대회 우승국은 한국과 같은 분단국가인 서독이었다. 서독은 세계 최강 헝가리를 꺾고 우승을 차지했다. 2차 대전 전범국가로 경제적 어려움을 겪고 있던 서독의 월드컵 우승을 사람들은 '베른의 기적'으로 불렀다. 우승에 고무된 서독은 이를 계기로 다시 탄생했다는 평가를 받을 정도로 성장과 발전을 거듭했다. 어쩌면 이 순간부터 서독의 경제력이 급상승하게 될 '라인강의 기적'이 시작됐을지도 모른다. 서독 선수들은 월드컵 우승을 차지한 뒤 귀국길에 국민들로부터 열렬한 환영을 받았다. 또한 정부로부터 당시만 해도 엄청난 고가품이었던 냉장고와 TV를 선물 받았다.

대다수의 서독 국민들은 서독 대표팀의 경기를 TV로 봤다. 대회 초반에는 서독 팀에 대한 기대가 낮아서인지 TV 판매가 급증

하지는 않았지만 대회 중반부터 서독에서는 TV가 날개 돋친 듯 팔렸다. 1954년 1월 기준 서독의 TV 수상기 대수는 11,658개였지만, 같은 해 11월에는 84,278대로 7~8배가량 늘어났다. 월드컵 역사상 최초의 TV 특수가 서독에서 일어났던 셈이었다. 당시 서독에는 텔레푼켄 등의 TV 제조업체들이 있었지만 빠르게 늘어난 국민들의 TV 구매 수요를 맞추기 어려웠다. 그래서 이웃나라 네덜란드의 가전제품 제조사 필립스가 발빠르게 움직였고, 생산한 TV를 서독에 납품하여 상당한 재미를 봤다.

난생 처음으로 월드컵을 TV 생중계로 봤던 서독 사람들은 쾌재를 불렀다. 당시 한 서독 TV 제조업체의 광고처럼 경기장 티켓을 못 구해도, 날씨가 안 좋아도 집에서 편안하게 축구 경기를 볼 수 있었기 때문이었다. 하지만 대다수 서독 국민들은 월드컵을 집이 아닌 펍(선술집)에서 지인들과 함께 술잔을 기울이며 시청했다. 서독 경기가 열리는 날 펍에는 많게는 150명이 넘는 사람들이 TV앞으로 모여 들었다. TV를 갖춘 펍에서는 월드컵 특수를 누리기 위해 손님들에게 맥주가 포함된 입장권을 따로 팔기도 했다.

TV를 판매하는 전자제품 상점 앞에도 많은 사람들이 몰려 들었다. 중계방송 소리는 들을 수 없었지만 서독의 월드컵 경기를

공짜로 시청할 수 있었기 때문이었다. 1970년대 월드컵 예선전
이 펼쳐질 때 한국의 길거리 모습과 비슷한 느낌이었을 것이다. 한국에서는 다방이나 전파사 앞에 축구 경기를 TV로 보기 위해 사람들이 몰려들곤 했는데, 독일은 20년 정도가 빨랐다.

하지만 1970년대 한국과 1954년의 서독의 상황은 다른 부분도 있었다. 1954년 월드컵이 펼쳐지는 동안 서독뿐만이 아니라 동독에서도 TV 수상기가 꽤 팔렸다. 서독과 인접하고 있는 동독의 몇몇 지역에서도 서독 방송사가 중계하는 월드컵 TV 중계를 볼 수 있었기 때문이다. 이른바 전파 월경Spillover이다. 서독의 월드컵 우승을 지켜보며 불과 10년 전까지 같은 국가의 국민이었던 동독 사람들은 어떤 생각이 들었을까? 동독인들이 서독의 월드컵 우승을 고운 시선으로 보며 함께 기뻐하기에는 어려운 점이 있었다. 당시 서독의 우승은 동독인들에게 독일 분단이라는 현실을 피부로 확인하는 계기가 되었다. 이제 서독과 동독은 완전히 다른 국가가 됐다는 의미로 다가왔다.

반대로 서독의 월드컵 우승을 보면서 비록 두 개의 나라로 분단되었지만, 여전히 한 뿌리의 같은 민족이라는 점을 느꼈던 동독 사람들도 없지 않았다. 이들은 '피는 물보다 진하다'는 평범한 진리를 월드컵을 통해 체험할 수 있었던 셈이다. 동독의 축구 역

사를 추적한 책 『인민의 스포츠The People's Game』에 따르면 적어도 분단된 지 시간이 얼마 지나지 않았던 1954년까지는 동독 사람들 중에 서독의 월드컵 우승을 민족의 자부심으로 생각했던 사람이 꽤 많았다고 한다. 동독과 서독은 한국과 북한의 경우처럼 동족상잔의 전쟁을 치른 사이가 아니었기 때문이다. 오히려 독일이 미국과 소련의 냉전을 대리한 희생양이 됐다는 정서가 널리 퍼져 있었다. 그런 분위기에서 1954년의 월드컵 TV 중계는 잠시 동안 동독과 서독을 하나로 연결시키는 매개체 역할을 해주었다.

5

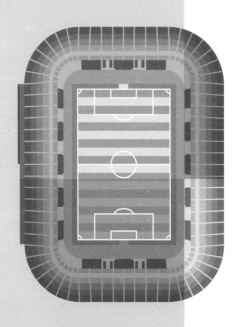

슬로 모션은 있는데 ——
컬러 TV 중계는 ———
없었던 ———
1966년 월드컵 ———

1966년 월드컵은 최초로 전 세계에 위성 TV 생중계가 이뤄졌던 대회다. 당시 월드컵 본선에 나선 16개국 가운데 오직 북한만이 여러 가지 이유로 TV 생중계를 하지 않았다. TV 생중계에 비용이 많이 들기 때문에 경제적인 이유에서 포기한 것도 있었지만, 월드컵에서 망신을 당하는 게 두려워서라도 북한은 생중계에 전혀 뜻이 없었다. 북한이 이탈리아를 꺾는 대이변을 연출했을 때도 북한 주민들은 라디오 방송으로만 이 소식을 들어야 했던 이유다.

영국은 1966년 월드컵 중계에 총력전을 폈다. 기술적인 측면에서 가장 중요한 변화는 무엇보다 비디오 리플레이슬로 모션화면이었다. 리플레이 화면은 지금이야 스포츠 중계에서 너무나 당연한 요소이지만 1966년에는 최첨단 신기술이었다. 슬로 모션 화면 제공이 가능했던 것은 비디오 레코딩 기술 때문이었다. 영국의 공영방송사 BBC는 1964년 이 기술을 스포츠 프로그램에 도입하기 시작했고 스포츠 프로그램 편집에도 적극적으로 활용했다.

1966년 월드컵 중계방송을 총괄하게 된 BBC의 브라이언 카우길은 윔블던 테니스 중계 해설위원이었던 미국인 잭 크레이머의 집에서 스포츠 중계 방송을 보다가 충격에 빠졌다. 경기 도중 중요한 장면마다 나타나는 슬로 모션 때문이었다. 카우길은 곧바로 이를 월드컵 중계방송에 활용해야겠다는 생각을 했다. 축구는 골 장면은 물론 오프사이드 상황에서도 슬로 모션 화면이 절대적으로 필요한 스포츠였기 때문이었다. 카우길은 미국 ABC 방송사의 비디오 리플레이 기계를 모방해 월드컵 중계에 적용시켰다.

이 슬로 모션 화면을 월드컵에서 처음 본 영국의 시청자들은 어리둥절했다. 적지 않은 시청자들은 이 화면을 보고 방송 수신에 문제가 있는 게 아닌지 BBC에 항의 전화를 걸어 따져 묻기도 했을 정도였다. 하지만 이내 영국을 넘어 세계의 시청자들은 슬로 모션 화면의 매력에 빠져 들게 되었다. 축구 팬들은 시간이 정지된 듯한 슬로 모션 화면을 보면서 월드컵을 더욱 만끽할 수 있었다.

대회 득점왕에 오른 포르투갈 에우제비우의 대포알 같은 강슛은 TV를 통해 반복적으로 재생됐다. 잉글랜드와 서독의 결승전에 나온 그 유명한 '웸블리 골'이 크게 회자된 것도 슬로 모션의 영향이 컸다. 당시 웸블리 경기장에서 펼쳐진 결승전에서 잉글랜드 선수가 슈팅한 공이 크로스바를 맞고 골라인 지점에 떨어졌는데 심판은 이를 골로 선언했다. 잉글랜드의 사상 첫 월드컵 우승에 엄청난 영향을 준 판정이었다. 이 장면도 슬로 모션을 통해 끊임없이 반복됐고 세계인들의 뇌리에 각인됐다. 그래서 이 골은 지금까지도 월드컵 역사에서 가장 큰 논란을 남긴 골로 남아 있다.

1966년 월드컵 중계의 또 다른 특징은 '클린 피드Clean Feed'의 대중화였다. 클린 피드는 자막과 현지 중계의 음성이 없는 중계 화면으로 월드컵, 올림픽 등의 스포츠 빅이벤트가 전 세계에 해당 국가 언어로 중계될 수 있는 토대가 되는 것이었다.

이 대회 개최국 영국은 이미 1950년대부터 '클린 피드'를 다른 국가 방송사에 제공할 수 있는 기술을 가지고 있었다. 그 시작점은 1953년에 열린 여왕 엘리자베스 2세의 대관식이었다. 유럽 지역에 중계됐던 이 대관식은 영국 방송 진행자의 목소리가 제거되었고, 각국의 언어로 중계방송될 수 있었다. 이 기술은 스위스에서 펼쳐진 1954년 월드컵에서 활용되며 호평을 받았다. 하지만 당시 월드컵을 중계하는 국가는 유럽 8개국에 불과했다. 실제로 월드컵에서 클린 피드를 활용한 전 세계 국가들의 중계가 보편화된 것은 1966년이었다.

1966년 월드컵 TV 중계에서 한 가지 아쉬운 대목이 있다면 이 대회가 여전히 흑백 TV로 방송됐다는 점이었다. 팬들은 초록색 그라운드, 주황색의 공과 국가별로 특색 있는 컬러의 유니폼이 어우러지는 색채의 향연을 온전히 느낄 수 없었다. 흥미로운 점은 기술적인 면에서 1966년 월드컵은 얼마든지 컬러 TV 중계가 이미 가능했다는 점이었다. 하지만 영국 정부가 월드컵의 컬러 TV 중계를 허용하지 않았다. 당시 컬러 TV 시장은 미국과 일본이 주도하고 있었기 때문이었다.

영국의 가전업체는 아직 고품질의 컬러 TV를 미국이나 일본처럼 생산하지 못했다. 미국은 1953년부터 컬러 TV 방송이 시작됐고 일본에서도 1960년부터 아시아 최초로 컬러 TV 방송 시대가 열렸다. 당시 두 국가는 컬러 텔레비전 시장을 양분하고 있었다. 비록 1966년 월드컵에서 개최국 잉글랜드가 우승을 차지했지만, 축구장 밖에서 펼쳐지는 첨단 기술 경쟁에서는 대영제국의 위상이 쇠락의 길로 접어들고 있다는 방증이 되는 사례였다.

어쨌든 영국 정부의 '국익'을 내세운 폐쇄적인 정책 때문에 월드컵 컬러 TV 중계는 1970년에야 이뤄졌다. 1970년 멕시코 월드컵에서 노란색 상의와 하늘색 하의를 입고 예술적인 플레이를 선보인 브라질 축구가 더욱 매력적이고 강렬하게 보인 이유도 이 대회가 월드컵 컬러 TV 중계의 원년이었기 때문이다.

1966년 영국 월드컵은 모든 경기의 중계방송 영상 풀버전이 남아 있는 최초의 월드컵이라는 큰 의미를 남겼지만, 그것이 모두 흑백 영상이라는 점에서는 아쉬움이 남았다.

6

중계권료에
목매는 FIFA와
유럽의
보편적 시청권 충돌

2018년 러시아 월드컵과 2022년 카타르 월드컵의 전 세계 중계권료의 총합은 대략 2조 원이 넘는다. 이제 월드컵 한 대회의 중계권료가 1조 원이 넘는 시대가 도래한 셈이다. 하지만 1960년대만 하더라도 월드컵 중계권료라는 것은 정말 미미한 수준의 금액이었다. 컬러 TV 중계가 보편화되기 시작한 1970년대부터 월드컵 중계권료가 가파르게 상승했다.

꽤 오랜 기간 FIFA의 고민은 어떻게 하면 월드컵 중계권료를 높일 수 있는지에 있었다. 특히 FIFA는 아시아와 북미 지역에서 벌어들일 수 있는 월드컵 중계권료에 관심이 높았다. 여기에는 축구 불모지로 불렸던 중국과 미국에서의 월드컵 붐 확산이 무엇보다 중요했다. 그리고 FIFA는 일정 부분 성공을 거뒀다.

하지만 각 대륙별로 봤을 때 여전히 FIFA 월드컵 중계권료를 가장 많이 내는 지역은 유럽이다. 그런데 FIFA가 유럽에서 월드컵 중계권료를 확대하기에는 큰 걸림돌이 있었다. FIFA가 유럽 국가마다 중계권료를 개별 협상하는 방식이 아니라 유럽방송연합EBU과 중계권료 협상을 해야 했기 때문이다. FIFA 입장에서는 국가별로 협상을 진행해야 중계권료를 극대화할 수 있으므로 이 체제를 무너트려야 했다.

FIFA는 2002년과 2006년 월드컵 중계권을 스위스 소재의 마

케팅 회사 ISL과 독일 미디어 그룹 키르히에 팔았다. 이 두 회사는 유럽에서 EBU가 아닌 개별 국가들와 협상을 시작했고 중계권료 매출 상승에 큰 기대를 품었다. 6조 이상의 채무를 갚지 못한 키르히가 도산하는 심각한 문제가 발생하기도 했지만 이를 ISL이 대신해 가까스로 위기를 넘겼다.

모든 일이 FIFA가 계획했던 대로 흘러가지는 않았으나 유럽 국가와 월드컵 중계권 협상을 하면서 적지 않은 수확을 얻을 수 있었다. 일반적으로 이전까지 유럽의 월드컵 중계 방송사는 무료 지상파 TV였다. 하지만 ISL이 월드컵 중계권 판매 대행을 하게 되면서 유럽의 유료 TV도 월드컵 중계사로 들어오기 시작했다. 이렇게 유럽 국가에서 월드컵 중계 방송사가 다변화된다는 것은 이들 간의 치열한 입찰 경쟁을 의미했다. 중계권료 상승은 자연스레 따라오는 구조였다.

유럽에서는 1990년대 국가적으로 중요한 스포츠 이벤트를 지상파 무료 방송사가 중계 방송할 수 있도록 하는 법안을 마련해 놓고 있었다. 방송사들의 과당경쟁으로 인한 월드컵과 올림픽 대회의 중계권료 상승을 막는다는 게 이 법안의 기본적 취지였다. 유료 방송사가 중계권을 독점할 경우에 나타날 수 있는 국민들의 피해도 이를 통해 감소시킬 수 있었다. 국민 누구나 주요 스포츠 경기를 추가적인 비용을 지불하지 않고 볼 수 있게 하겠다는 측면에서 등장한 이 제도에 '보편적 시청권Universal Access Right'이라는 명칭이 붙은 이유였다.

하지만 유럽 국가들이 채택한 월드컵 보편적 시청권에는 틈이 있었다. 그들이 규정한 보편적 시청권의 범위는 주로 자국 대표팀의 월드컵 본선 경기와 월드컵 준결승, 결승전만 해당됐다. 예를 들어 월드컵 8강전 경기는 반드시 무료 공중파 방송사가 중계를 해야 한다는 의미는 아니었다. FIFA는 이 빈틈을 파고들었다. 보편적 시청권이 확보되어 있는 프랑스, 이탈리아에서도 유료 TV가 일부 월드컵 중계 방송을 할 수 있게 된 배경이었다.

하지만 예외도 있었다. 보편적 시청권이 적용되고 있는 유럽 국가 중에 영국에서는 월드컵 모든 경기가 무료 지상파 TV를 통해서만 중계되고 있다. 영국의 월드컵은 무료 지상파 TV BBC와 ITV가 책임진다. 월드컵 보편적 시청권의 범위가 다르기 때문이다. 영국의 월드컵 보편적 시청권은 월드컵 대회의 모든 경기를 무료 지상파 TV가 중계하도록 규정되어 있다.

FIFA는 영국의 월드컵 보편적 시청권의 범위가 과다하다고 판단해 이를 유럽 재판소에 제소했다. 월드컵의 모든 경기가 영국의 국민적 관심사라고 볼 수 없으며 월드컵의 특정 경기는 방송사간 경쟁에서 가장 높은 입찰가격을 제시한 방송사의 몫이 되어야 한다는 주장이었다. 하지만 2011년 유럽 재판소는 영국의 손을 들어줬다. 유럽 재판소 법관들은 영국 정부가 월드컵 전체 경기를 하나의 이벤트로 설정해 보편적 시청권을 적용한 것이 타당하다는 입장을 내비쳤다.

7

중국의
'축구 굴기'는
왜 실패했나?

중국의 첫 월드컵은 2002년이 아니라 1982년에 시작될 뻔했다. 1972년 미국과 외교 관계 수립 이후 중국 스포츠는 세상 밖으로 나올 수 있었고 1978년에 FIFA에도 가입했다. 그리고 3년 뒤 중국은 월드컵 아시아 예선에 참가했다.

중국 축구는 당시 동아시아 최강 수준의 전력을 갖고 있었다. 한국의 차범근, 일본의 가마모토와 어깨를 나란히 했던 골잡이 룽즈항은 물론 드리블의 마법사 구광밍과 재능 있는 윙 플레이어 선샹푸가 공격을 이끌었다. 중국은 일본과 북한을 제압하고 4개국이 겨루는 최종예선에 올랐다. 중국이 2위 안에 들면 사상 처음으로 월드컵 본선에 진출할 수 있었다. 중국은 쿠웨이트에 이어 2위로 본선에 진출할 가능성이 높았다. 하지만 뉴질랜드가 마지막 경기에서 사우디아라비아를 5-0으로 대파해 두 팀의 승점과 득실차가 모두 같아졌다.

결국 중국과 뉴질랜드는 월드컵 본선 티켓 1장을 놓고 단판승부로 플레이오프 경기를 치러야 했다. 원래 이 경기는 말레이시아에서 열릴 예정이었다. 하지만 뉴질랜드는 이에 항의했다. 중국이 사우디아라비아와의 최종예선 경기를 이미 말레이시아에서 치렀던 경험이 있어 어드밴티지가 될 수 있다는 이유였다. 중국과 사우디아라비아는 당시 외교관계가 수립되지 않아 두 팀의 경기는 제3국에서 열렸다. 신경전 끝에 싱가포르에서 열린 중국과 뉴질랜드의 경기에는 관심이 집중됐다. 불과 6시간 만에 이경기의 입장권은 완전 매진됐다. 중국, 싱가포르, 뉴질랜드, 말레이시아와 홍콩으로 생중계된 이 경기는 무려 2억 명의 시청자가 지켜봤다. 뉴질랜드는 이 경기에서 중국을 2-1로 제압해 월드컵 본선에 진출했다. 중국은 아쉬움의 눈물을 삼켜야 했다.

1982년 월드컵 예선에서 거세게 불어 닥친 중국의 돌풍은 1차축구 굴기의 산물이었다. 중국 축구는 1970년대부터 유소년 선수들에 대해 체계적인 지원을 시작했다. 유소년 선수 육성을 위한 전문 코치 양성에도 힘썼으며 유럽 전지 훈련을 통해 기술적인 발전도 이뤘다. 1 대 1 드리블 돌파를 중심으로 하는 중국의 공격 축구 모델도 이때 만들어졌으며 범국민적인 축구 조직도 각 지역마다 구축됐다. 세계 스포츠 무대에서 중국의 존재를 알리기 위해 축구뿐만 아니라 거의 모든 스포츠에서 이런 변화가 감지되고 있던 시기였다.

축구는 인기 스포츠였지만 1982년 월드컵 본선 진출 실패로 중국의 전략 종목에서 조금씩 멀어졌다. 오히려 탁구, 배구, 농구와 여자 축구 등이 그 자리를 차지했고 운동능력이 뛰어난 선수들은 축구가 아닌 다른 종목에서 빛을 발하기 시작했다. 중국 스포츠는 1981년 여자 배구의 세계 제패 이후 본격적으로 세계를 향해 돌진했으나 그 즈음 전력이 약해진 중국 남자 축구는 미로를 헤매고 있었다. 중국 남자 축구의 1982년 월드컵 본선 진출 실패는 이런 결과를 낳았다.

침체됐던 중국 축구는 1990년대 프로화와 함께 다시 태어났다. 그 중심에는 다롄 완다가 있었다. 중국 프로축구 원년이었던 1994년 중국 굴지의 부동산 개발회사 완다는 다롄 구단을 매입했다. 다롄 시장이자 시진핑의 정치적 라이벌이기도 했던 보시라이는 다롄 완다가 자신의 정치적 자산이 될 것으로 확신했다. 그의 기대처럼 다롄 완다는 1990년대 중국 프로축구 최고의 팀에 올랐고 그의 인기는 높아졌다. 완다에 이어 젊은 자수성가형 기업가 쉬밍이 이끄는 스더그룹이 다롄 팀을 다시 매입해 2000년대 초반 또 다른 전성기를 누렸다.

하지만 2000년대 중국인들의 시선은 농구에 쏠려 있었다. NBA에 진출한 야오밍은 중국인의 자존심이었다. '움직이는 만리장성'이라는 말처럼 그의 활약과 일거수일투족에 중국이 들썩였다. 중국 사회는 거센 농구 열풍에 휩싸였다. 2007년 중국 정부는 농구를 진정한 국민 스포츠로 만들기 위해 중국 전역에 80만 개에 달하는 농구 코트를 새롭게 조성했다. 농구는 1979년부

제도와도 잘 맞아 떨어졌다.

모든 가정에서 아이가 1명이다 보니 이들은 부모로부터 과잉 보호를 받으며 자랐다. 자신이 세상의 중심이 되어야 한다는 소황제小皇帝 신드롬도 이때 생겨났다. 농구는 팀 스포츠이지만, 5명이 한 팀으로 경기를 하니 개개인이 중심이 되어 활약하기에 적어도 축구보다 적합한 종목이었다. 여기에 축구보다 공간도 덜 차지하고 상대적으로 큰 부상의 위험도 적었다. 중국에서 농구는 축구와 비교할 수 없는 인기를 누렸다. 설상가상으로 중국 축구는 2002년 한일 월드컵에서 처음으로 본선 진출에 성공했지만 단 한 골도 넣지 못한 채 3패만을 기록하며 고개를 숙였다.

하지만 중국 농구 전성시대는 시진핑 주석의 집권과 함께 빛이 바랬다. 시진핑은 자타가 공인하는 축구광이었다. 역시 축구광인 그의 아버지 시중쉰과 학창시절의 영향 때문이었다. 시진핑은 베이징에 있는 중학교에서 축구에 빠져 들었다. 축구를 통해 중국 공산당 혁명 2세대 소년들과 친해졌다. 시진핑의 추억 속에 아련하게 남아 있는 축구는 이 때부터 변화했다. 그는 패배주의와 부패에 물들어 있는 중국 축구의 분위기를 바꾸기 위해 중국축구협회장에 다른 종목 탁구의 레전드인 차이전화를 임명

했다. 중국 탁구의 성공이 축구로도 전이되기를 바랐기 때문이었다. 시진핑은 축구를 중국 초·중학교 필수과목으로 승격시켰고 2만 개의 학교에 새로운 축구장과 훈련시설을 마련하려는 계획을 추진했다.

중국의 기업들도 움직였다. 알리바바의 마윈 회장은 2000년대 중국 최고 팀으로 부상한 광저우 헝다에 막대한 투자를 했고 다른 중국의 기업들도 그의 뒤를 따랐다. 과거 다롄 축구 클럽의 모기업이었던 완다 그룹은 2018년 다롄 이팡을 후원했으며 중국 최대 가전 유통업체 쑤닝 그룹은 2016년 장쑤 클럽의 모기업이 됐다. 하지만 중국 정부와 기업이 손을 맞잡고 추진한 축구 굴기는 성공하지 못했다. 광저우 헝다가 2013년과 2015년 AFC 챔피언스리그에서 우승을 차지하기는 했지만 중국 국가대표팀은 시진핑 주석이 염원하는 월드컵 본선 진출에 실패했기 때문이다. 축구 굴기가 펼쳐지는 동안 중국 클럽들은 해외 스타와 감독을 모셔오는 데 앞장섰으나 정작 정련된 축구 유소년 시스템을 만들기 위한 투자에는 인색했다는 비판이 나온 이유였다.

2021년에는 지난 시즌 우승 팀 장쑤 쑤닝 클럽이 모기업 쑤닝의 경영악화로 해체됐고 광저우 헝다의 모기업 헝다 그룹도 부동산 경기 침체로 인해 도산하면서 중국 프로 축구는 최악의 상황을 맞았다. 선수 영입에 돈을 펑펑 쓰던 중국 클럽들은 이때부터 지갑을 닫기 시작했고 중국 프로 축구 팀의 절반 정도가 선수단 월급을 제대로 주지 못하는 초유의 사태가 발생했다. 중국 축구 굴기의 거품이 빠지기 시작했다는 분석이 난무했다. 그래서 많은 축구 전문가들은 이제 2018년과 같은 중국 슈퍼 리그CSL의 전성기를 다시 보기 힘들 것으로 전망하고 있다. 당시 CSL의 평균관중은 2만 4,000명 수준이었으며 리그는 30억 달러 이상의 매출을 기록했다.

시진핑이 주도한 중국 축구 굴기는 물량공세에 집중돼 있었다. 중국 기업들은 국내는 물론이고 해외 축구 클럽에 엄청난 투자를 했다. CSL의 수준을 높이기 위해 엄청난 고액 연봉을 해외 유명 선수들에게 지급했다. 코로나 팬데믹이 시작된 2020년에서야 외국인 선수에 대한 샐러리캡을 도입해 지출을 줄였다. 월드컵 스폰서십에도 적극적이었다. 지난 2018 러시아 월드컵 때 14개 스폰서십 기업 가운데 중국 기업은 절반에 해당하는 7개였으며 이들은 FIFA에 11억 달러 이상을 후원했다. 미국 기업과 비교했을 때 두 배가량 많은 투자를 월드컵에 한 셈이었다.

하지만 중국 축구 발전을 위한 세밀한 접근은 아직 요원하다. 여전히 중국의 부모들은 운동 능력이 있는 아들이 축구를 하는 것에 대해 탐탁지 않게 생각하는 경향이 짙다. 오히려 중국의 전통적 강세 종목인 탁구, 배드민턴이나 농구 선수가 되는 걸 선호한다. 또한 중국의 축구 유소년 시스템은 시설 면에서 큰 발전을 이룬 것은 사실이지만 트레이닝 프로그램에 있어서는 발전 속도가 더디다.

11명의 선수가 뛰어야 하는 축구에서 좋은 성적을 내기 위해서는 조직력이 어떤 능력보다 중요하다. 중국 축구에서는 유기적인 팀 플레이가 제대로 빛을 발하지 못한다. 흥미롭게도 중국의 전통 연극인 경극에서도 합창은 없다. 독창만 존재한다. 이런저런 사회문화적 배경을 근거로 중국이 단체 종목보다 개인 종목에서 훨씬 더 강세를 보인다는 주장도 있다. 전임 후진타오 주석이 구축했던 집단지도체제 대신 시진핑 주석이 채택한 최고지도자 1인 중심 체제와 비슷한 일면이 있다.

이제 중국 축구가 당면한 가장 중요한 시험무대는 2026년 북중미미국·캐나다·멕시코 월드컵 예선이다. 아시아 지역에 할당된 월드컵 본선 티켓 숫자가 무려 8.5장으로 두 배나 늘어났기 때문이다. 만약 중국 축구가 이 관문마저 뚫지 못한다면 10년 넘게 이어져온 시진핑 주도의 축구 굴기는 완벽한 실패작으로 남게 될 것이다.

8

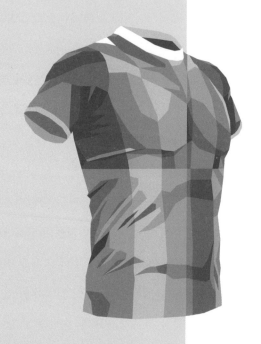

시애틀의 ————
위대한 실험과 ————
미국 축구의 ————
빛과 그림자 ————

1996년 미국프로풋볼NFL 팀 시애틀 시호크스는 LA 외곽으로 연고지 이전을 계획했다. 새로운 경기장을 건설하는 데 시애틀 시가 적극적인 협조 의지를 나타내지 않았기 때문이었다. 하지만 그런 배경에도, 시호크스의 연고지 이전에 아쉬움을 나타냈던 사람들이 많았다. 그 중 한 명이 빌 게이츠와 함께 마이크로소프트를 공동 창업한 억만장자 폴 앨런이었다. 그는 시애틀에 위치한 워싱턴 주립대학 출신으로 아메리칸풋볼 팬이었다. 앨런은 시호코스를 매입했다. 시애틀에 꼭 프로 풋볼 팀이 있어야 한다는 굳건한 믿음 때문이었다.

그런데 앨런은 시호크스 매입에 한 가지 조건을 걸었다. 매우 흥미로운 조건이었다. 바로 신축 경기장을 짓는 데 3억달러 상당을 시애틀 시가 충당해준다면 구단을 매입하겠다는 것이었다. 그리고 시 당국의 세금지원 정당성 확보를 위해 이 안건을 주민투표에 붙이겠다고 덧붙였다.

시애틀은 술렁였다. 물론 미국 프로 스포츠에서 시 재정으로 신축구장 건설비용의 일부를 충당하는 경우는 꽤 흔하다. 그렇지만 앨런은 당시 기준으로 세계 7위의 부호였기에, 시애틀 시와 시민에 부담을 주는 조건에 시민들의 반응은 시큰둥했다. 당연히 주민투표에서 그의 제안이 수용될 가능성은 높지 않아 보여였다.

이 순간 구원의 손길이 다가왔다. 시애틀 지역의 변호사인 프레드 멘도자는 앨런에게 전화를 걸었다. 그는 1990년대 중반까지 축구 팀에서 활약했으며 지역 어린이들을 위한 축구 팀도 운영할 정도로 열렬한 축구팬이었다. 멘도자는 앨런의 보좌진을 만나 새로운 길을 열어줬다.

"시애틀 인근 약 30만 명의 사람들은 축구와 직간접적으로 관련되어 있다. 만약 신축 경기장이 아메리칸 풋볼과 축구를 같이 할 수 있는 형태로 만들어진다면 주민투표에서 유리하게 작용할 것이다".

멘도자의 솔깃한 조언에 앨런은 움직였다. 그는 풋볼 전용 경기장에서 축구도 겸할 수 있는 경기장으로 설계를 변경했다. 이 소식이 알려지자 미국 프로축구MLS의 덕 로건 총재는 "경기장이 지어지면 시애틀에 MLS팀 창단을 승인하겠다"고 선언했다.

시애틀의 축구 팬들은 이 한마디에 난리가 났다. 시애틀은 오래 전부터 축구에 대한 관심이 높은 도시였다. 1968년 불모지와 다를 바 없었던 미국에 축구를 뿌리내리기 위해 생겨난 북미사

커리그^{NASL} 시절부터 시애틀은 인기 구단이었다. 시애틀 사운더스는 1977년에 시즌 평균 관중이 2만 4,000명을 넘겼으며 리그에서 준우승도 두 번이나 기록한 바 있었다. 이런 이유로 시애틀에서는 MLS가 새롭게 발족한 이후 축구 팀 창단을 꿈꾸는 사람들이 있었지만 경기장 문제로 늘 벽에 가로 막혀 있었다.

이들에게 시애틀에 축구팀이 다시 부활할 수 있다는 희망이 샘솟았다. 그리고 1년 뒤 주민투표에서 기적이 일어났다. 개표 결과 불과 3만여 표 차이로 신축 경기장 지원 방안이 채택됐다. 찬성 51%, 반대 49%의 초접전이었다. 이 결과에는 시애틀의 열혈 축구 팬들의 역할이 매우 컸다. 그리고 이들의 한 표, 한 표가 풋볼 팀의 LA 이전도 함께 막아냈다.

사실상 축구 팬들이 바꿔 놓은 주민투표 결과에 고무된 앨런은 시애틀 축구팀 사운더스의 공동 구단주 역할을 수행하기로 했다. 심지어 지역 프로 스포츠 산업에 익숙한 풋볼 팀 직원이 2007년 사운더스가 창단할 때까지 지원하도록 배려했다.

풋볼 팀 시호크스와 축구 팀 사운더스의 공존 모델은 성공적이었다. 2009년 MLS에 가입한 사운더스는 이 때부터 가장 인기 있는 팀이 됐다. 사운더스의 평균관중은 4만 명이 넘었다. 웬만한 유럽 프로축구 팀의 평균관중 수치를 넘어서는 기록이었다.

흥미롭게도 사운더스는 축구 그라운드에 가장 가까운 자리에 그라운드 스위트를 마련했고 이 공간은 유명세를 탔다. 그라운드에서 멀고 높은 위치에 있는 이른바 VIP 스카이박스 좌석과는 달리 그라운드 스위트에서는 선수들의 숨소리까지 들을 수 있어서였다. 축구 경기를 가장 생생하게 체험할 수 있는 그라운드 스위트는 시애틀의 풀뿌리 축구 문화를 상징적으로 보여주는 공간이었다.

시애틀 사운더스의 성공은 미국에서 철저하게 주변부 스포츠였던 축구가 어떻게 주류 스포츠로 발전할 수 있는지 보여줬다. 시애틀에서 불기 시작한 축구 열기는 점차 미국 전역으로 확산됐다. MLS 관중들도 많아졌고 중계권료도 치솟았다. 시애틀처럼 풋볼 팀과 축구 팀이 같은 경기장을 사용하는 공존 모델도 애틀랜타에서 더 큰 성공으로 이어졌다. 현재 축구 팀 애틀랜타 유나이티드는 시애틀보다 평균관중 숫자가 더 많은 명실상부한 MLS 최고 인기 구단이 됐다.

하지만 MLS의 성공이 곧 미국 축구 국가대표팀의 경기력 향상으로 이어졌다고 말하기는 힘들다. 2018년 러시아 월드컵에서 미국은 본선 진출에 실패했다. 이후 미국에서는 MLS가 상업적 성공에도 불구하고 유소년 육성 등 전반적인 축구 발전에 대한 투자에 인색했다는 비판이 생겨났다. 다른 국가들의 프로축구 리그처럼 승강제도가 없다는 점도 비판의 대상이었다. MLS는 제대로 된 하위리그 운영을 소홀히 하고 있었고 미국의 많은 축구 선수들은 대학을 거친 후 프로에 입단했다.

하지만 미국 대학에서 남자축구는 비인기 종목이라 지원이 제대로 이뤄지지 않는다. 경기 수도 많지 않아 실전 경험을 쌓을 수 있는 기회도 부족하다. 무엇보다 MLS의 평균연봉이 낮기 때문에 미국의 스포츠 유망주들은 축구를 최우선적으로 선택하지도 않는다. 미국 축구 클럽의 회비는 경제적 형편이 어려운 히스패닉 가정에서는 부담하기도 힘들 정도로 높다. 축구에 관심이 지대한 미국 내 히스패닉은 MLS의 인기 상승의 견인차였다. 하지만 적지 않은 히스패닉 소년들은 경제적 이유로 유소년 축구 무대에서 배제되는 경우가 많다.

2022년 카타르 월드컵에서 미국은 잉글랜드와 조별 예선 경기를 치른다. 1950년 월드컵에서 스코틀랜드 이민자들을 중심으로 팀을 꾸렸던 미국은 잉글랜드를 제압하는 기적을 연출한 바 있었다. 2010년 월드컵에서도 미국은 잉글랜드와 무승부를 기록했다. 미국은 월드컵에서 유달리 잉글랜드에 강점을 보였고 카타르에서도 이 전통이 계속되기를 기대하고 있다.

미국 자본은 산업적 측면에서 세계 최고의 프로축구 리그인 잉글랜드 프리미어리그를 이끌고 있기도 하다. 리버풀, 맨체스터 유나이티드, 아스널, 첼시 등 리그의 주요 구단들은 모두 미국인이 소유하고 있다. 이 4개 구단의 구단주는 모두 미국에서 다른 프로 스포츠 팀 운영과 투자에 경험이 있는 인물로 프리미어리그 산업화의 주역이었다. 이들은 미국 프로 스포츠의 수익화 모델을 프리미어리그에 적용시켜 리그의 매출증대에 강력한 영향력을 미쳤다. 한때 지역 건설업자와 육가공업자들이 경영했던 잉글랜드 프로축구는 미국 스포츠 경영자들에 의해 이렇게 국제적으로 다시 태어날 수 있었다.

아이러니하게도 미국인이 키운 프리미어리그는 미국 시장에서 MLS의 라이벌로 급부상하고 있다. MLS의 인기 덕분에 축구에 눈을 뜬 미국의 젊은 팬들이 프리미어리그에 높은 관심을 보이고 있기 때문이다. NBC가 지불하는 프리미어리그 중계권료는 한 시즌 평균 5,000억 원에 달한다. 중계권료가 이렇게 상승한 이유는 당연히 프리미어리그의 인기가 높기 때문이다. 프리미어리그의 중계 방송은 보통 2시간 내에 끝난다. 시간제 스포츠가 아닌 야구를 제외하더라도 NFL이나 북미프로농구NBA 경기 중계보다 짧다. 미국의 젊은 시청자들이 짧은 시간 동안 집중할 수 있고, 지겨운 광고도 훨씬 적게 볼 수 있는 프리미어리그에 빠져드는 이유다. 점점 더 거세지고 있는 프리미어리그의 미국 공습을 피하기 위해서는 무엇보다 MLS의 경기 퀄리티가 향상되어야 한다는 얘기가 나오는 이유이기도 하다.

9

국가마다 서로 다른
축구 스타일이
정말 실제로
존재할까?

월드컵은 90분 동안 참가국 국민들의 애국심을 무한대로 끌어 올리는 축구 대회다. 선수들의 가슴에 새겨진 국기(이제는 각국 축구협회 엠블럼이 대신하지만)를 보며, 선수들이 부르는 국가를 들으면 뭉클한 감정이 생겨난다. 선수들의 볼 터치와 킥 하나에 온 신경이 집중되고 만약 자국 팀이 경기에서 이기면 행복감이 샘솟는다. 반대로 경기에서 패하면 슬픔에 휩싸인다. 11명의 국가대표 축구 선수들이 만들어내는 월드컵 드라마는 이렇게 전세계 수억 명에 달하는 '90분 애국자'들을 웃고 울렸다. 올림픽의 한 종목에 불과했던 월드컵이 1930년 따로 독립해 올림픽에 버금가는, 넘어서는 글로벌 스포츠 이벤트가 된 이유였다.

하지만 우리가 월드컵을 보는 이유는 애국심만으로 설명되지 않는다. 월드컵은 거대한 전시회이자 공연 무대다. 선수들은 그들만의 '바디 랭귀지 퍼포먼스'로 독특한 콘텐츠를 만든다. 이 콘텐츠는 계획적이기도 하고 즉흥적이기도 하다. 사람들은 축구 선수 11명이 몸으로 조탁한 언어를 축구 스타일이라고 부른다. 그리고 이 축구 스타일이라는 것에 국가마다 고유의 원형原型이 있다고 믿는다. 이런 신념 속에서 브라질 삼바 축구나 프랑스의 아트 사커란 표현도 나왔고 여러 국가들의 다양한 축구 스타일을 한 번에 볼 수 있다는 것이 월드컵의 최대 매력이기도 하다.

볼 터치를 예술로 승화시킨 아르헨티나, '공은 받는 게 아니라 튕기는 것'

　멕시코의 소설가 카를로스 푸엔테스는 이런 말을 한 적이 있다. '멕시코인들은 아즈텍의 후예이지만, 아르헨티나인들은 (유럽에서 출발한) 배에서 내렸던 사람들이다.' 그만큼 아르헨티나 문화는 유럽과 관련이 깊다. 아르헨티나의 수도 부에노스아이레스를 '남미의 파리'라고 부르는 것도 전혀 무리하지 않은 표현이다. 하지만 유럽에서 일자리를 찾아 아르헨티나로 건너온 이민자들은 그들만의 독특한 새 문화를 만들었다. 이민자로서의 고

단한 일상생활을 잊기 위해 슬럼가인 보카 지구에서는 탱고가 번성했다. 아르헨티나가 경제적으로도 풍요로웠고 문화적인 역동성도 강했던 1920년대 탱고와 함께 전성시대를 누린 것은 축구였다. 할리우드에서 만든 영화가 미국인들에게 꿈과 희망을 건네줬던 시기에 아르헨티나의 축구는 이민자들에게 최고의 엔터테인먼트였다. 단순한 일을 반복해야 했던 이들은 묘기를 부리는 선수들의 플레이를 보며 개인의 자유를 만끽했다. 그들에게는 축구 경기가 공장으로부터의 탈출을 의미했다.

축구 선수들의 묘기는 드리블과 패스였다. 공간을 헤집는 선수들의 드리블과 마치 탱고 댄서의 정교한 발놀림과 같은 터치로 공을 받아내는 기술은 이들을 매료시켰다. 아무리 창의적인 패스를 구사한다 해도 이를 받아주는 선수의 볼 터치가 투박하면 골이 될 확률이 줄어든다. 그렇기 때문에 볼 터치는 무엇보다 중요했다. 아르헨티나에서는 그래서 축구를 터치의 예술로 봤다. 그리고 아르헨티나의 탱고 축구도 볼 터치에서 탄생했다. 공은 받는 게 아니라 기타처럼 튕기고 어루만져야 한다는 아르헨티나 축구 스타일이 만들어지는 순간이었다. 다음 플레이를 자유롭게 할 수 있도록 패스의 강도와 각도에 따라 공을 얼마나 부드럽게 받아내느냐가 무엇보다 중요했다. 아르헨티나에 처음 축구를 알려준 건 영국이었다. 영국인들은 곳곳에서 축구 클럽을 만들었다. 이들은 영국으로부터 축구공을 수입했다. 아르헨티나 세관원은 영국인들이 주문한 축구공을 그저 '광적인 영국인들만을 위한 물품'으로 분류했다. 하지만 얼마 지나지 않아 이 축구공은 아르헨티나 서민들도 웃고 울리게 하며 때로는 미치게 만드는 국민 드라마의 주인공으로 떠올랐다.

아르헨티나 사람들은 그들의 득별한 축구 스타일을 보면서 영국에 대한 우월감을 느꼈다. 아르헨티나는 멀리서 빈 공간으로 공을 차 넣는 잉글랜드의 축구 스타일을 싫어했다. 그들은 수비 라인부터 드리블과 패스를 통해 조금씩 상대 골문을 향해 전진하는 축구를 선호했다. 겉으로 보면 호쾌하지만 우연적 요소를 기대할 수밖에 없는 잉글랜드의 킥 앤 러시에 비해 아르헨티나 축구가 훨씬 더 과학적이고 정확하다고 생각했기 때문이다. 물론 유럽 축구 선수들이 스피드와 체격에서는 당시 아르헨티나와 같은 남미 팀보다 분명 크게 앞서 있었다. 하지만 투박한 터치로 마무리되는 패스는 결국 경기 후반 체력 고갈이라는 문제를 만들어냈다. 더 많이 뛰어야 했기 때문이다. 반대로 아르헨티나는 특유의 볼 터치 기술을 발판으로 경기 막판까지 체력을 비축할 수 있었다.

아르헨티나 사람들이 영원히 잊지 못할 볼 터치는 잉글랜드와의 1986년 월드컵 8강전에서 나왔다. 마라도나는 발과 머리가 아니라, 손으로 절묘하게 공을 터치해 골을 성공시켰다. 아르헨티나 사람들에게 '신의 손' 골은 4년 전 영국과 치렀던 포클랜드 전쟁의 복수였다. 아르헨티나가 영국령 포클랜드^{말비나스} 제도를 침공해 시작된 이 전쟁에서 승자는 영국이었다. 포클랜드 제도는 영국이 실효적 지배를 하고 있었지만 아르헨티나가 꾸준히 영유권 주장을 해왔던 곳이었다. 전 세계 축구 팬들은 마라도나가 '신의 손' 골을 넣은 뒤 완벽한 드리블로 잉글랜드 선수를 제압하고 넣은 추가골을 최고의 골로 평가했다. 하지만 포클랜드 전쟁 패배로 상처를 입었던 아르헨티나 사람들에게는 손으로 넣은 '신의 손' 골이 더 통쾌한 골일 수밖에 없었다.

2차대전 이후 세계 각국의 축구 스타일은 급격하게 변모했다. 가장 두드러진 변화는 수비 축구의 화려한 등장이었다. 수비 축구는 약체 팀의 전유물이자 특권이었다. 이런 팀들은 전력이 뛰어난 명문 클럽과 1 대 1 대결이라는 순진한 정면승부 방식으로 승리를 따낼 가능성이 적다는 사실을 일찌감치 간파했다.

이 같은 수비축구는 스위스와 구 소련 지역 클럽에서 조금씩 발전했지만 이를 완성한 국가는 이탈리아였다. 이탈리아 제노

아, 토리노 그리고 밀라노의 인테르나치오날레인터밀란가 수비축 구를 통해 자국 리그에서 각광을 받기 시작했다. 이른바 '빗장수 비'의 시대는 이렇게 열렸다. '빗장수비'는 수비수들의 조직력을 극대화하는 전술이었다. 그래서 1960년대 인테르나치오날레의 명장 엘레니오 에레라는 중요한 경기 전에 늘 합숙훈련을 실시 했다. 현대적 의미의 축구 합숙훈련 시대는 수비 조직력 강화 때 문에 시작된 셈이었다.

당시 스페인과 함께 유럽 프로 축구 정상에 위치했던 이탈리 아 리그에는 뛰어난 공격수들이 많았다. 하지만 적지 않은 이탈 리아 클럽의 목표는 어디까지나 이탈리아 스타일의 경기를 완벽 히 수행하는 것이었다. 그리고 그들이 원하는 스코어는 더도 말 고 덜도 말고 1-0이었다. 수비에 치중하며 상대의 빈틈을 파고들 어 어떻게든 한 골을 넣는 방식이 말 그대로 대유행이었다. 그래 서 이탈리아 언론은 1-0의 스코어를 '이탈리아식 경기Italian Game' 의 전형으로 간주하고 수식했다.

남미에서는 아르헨티나의 예술적인 볼 터치를 한 단계 업그레 이드한 축구 스타일이 새롭게 등장했다. 브라질의 리드미컬한 드리블 축구였다. 브라질에서 10명의 필드 플레이어는 자신의 포지션에 관계없이 적어도 상대 수비수 1명을 스스로 제칠 수 있는 드리블 능력을 가지고 있어야 했다. 무엇보다 브라질 선수들의 드리블을 저지하기 힘들었던 이유는 변속기어를 통해 드리블의 속도와 방향을 자유자재로 바꿀 수 있었다는 점이다. 그래서 이 브라질 특유의 변화무쌍한 드리블 때문에 우리는 브라질 축구를 '삼바축구'로 형언하게 됐다. 삼바의 다양한 변주 리듬이 마치 브라질 축구 선수가 구사하는 드리블의 속도와 방향 전환과 관련돼 있을 것이라는 점에 착안한 작명이었다.

1958년과 1962년 월드컵에서 브라질이 우승할 수 있었던 원동력도 철저하게 개인 드리블 능력에서 나왔다. "골키퍼까지 제치고 골을 넣어야 진짜 골"이라는 말을 남긴 천재 드리블러 가린샤의 한 마디는 당시 브라질 축구 철학을 여실히 보여줬다.

하지만 영원한 월드컵의 주인공으로 평가받았던 브라질 축구는 1966년 잉글랜드에서 자존심을 구겼다. 이 대회는 수비 축구가 범람했다. 대회가 끝난 뒤에 "1966년 월드컵에서의 공격 축구를 발견하는 것은 마치 사하라 사막에서 물을 찾는 것처럼 어려웠다"라는 평가가 내려졌을 정도였다.

1966년 월드컵에서 지칠 줄 모르는 체력과 폭풍 같은 질주를 통해 이탈리아를 제압했던 북한이나 에우제비우의 강력한 슛을 앞세워 4강에 오른 포르투갈의 공격 축구는 그런 면에서 이 대회의 오아시스였다.

포르투갈과 북한이 살려 놓은 공격 축구의 불씨는 1970년 만개했다. 드리블 천재들로 구성된 브라질과 조직적 수비에 밑바탕을 둔 역습의 귀재들로 구성된 이탈리아가 결승에서 맞붙었다. 결승전에서 이탈리아의 목표는 브라질 공격의 균형을 무너뜨리는 것이었다. 이탈리아는 이미 이 같은 방식으로 준결승에서 서독을 연장까지 가는 접전 끝에 제압했다.

냉전시대 창의적인 외교로 새로운 국제 질서를 만든 전 미국 국무장관이자 열광적인 축구 팬인 헨리 키신저는 이탈리아의 축구의 특징을 그 누구보다도 잘 꿰뚫어 본 인물이었다. 그는 이탈리아 축구 스타일을 다음과 같이 명쾌하게 정리했다.

> "상대 팀이 계획대로 경기를 못하게 하고 집중력을 무너뜨려 결국 상대 팀이 선호하는 방식의 경기를 포기하게 하는 것이 바로 이탈리아의 축구다."

그런데 이탈리아의 전략이 브라질에는 통하지 않았다. 브라질 선수들은 전혀 조바심을 내지 않았다. 그들은 상대 수비의 빈틈을 절묘하게 파고 드는 '신의 한 수' 같은 묘책을 기대하지 않

브라질 축구의 리듬대로 공격하다 보면 골이 나올 것이라는 강한 믿음을 가지고 있었다.

브라질 선수들은 이탈리아 선수들과의 1 대 1 대결을 즐겼다. 수비수가 붙으면 패스를 내주고 떨어지면 과감하게 드리블을 시도해 공간을 만들었다. 상황이 이쯤 되자 오히려 당황한 쪽은 이탈리아였다. 전반전은 1-1로 팽팽히 맞섰으나, 후반 들어 이탈리아는 무리한 공격을 하다가 공격권을 브라질에 자주 내줬고 서서히 체력이 떨어졌다. 브라질은 결국 4-1 대승을 거두며 우승을 차지했다. 대회가 끝난 뒤 '월드컵의 주인공은 공격 축구이고 수비 축구는 악당'이라는 얘기가 난무했다.

네덜란드 축구 혁명, '드리블만으론 공간을 더 만들 수 없다'

볼 터치와 드리블이 주도했던 축구 스타일의 흐름은 1970년 대 초반 다시 한 번 '공간 창조'라는 큰 방향 전환을 맞이했다. 더 이상 개인기술만으로는 상대의 촘촘한 수비벽을 뚫을 수 없다는 게 당시 유럽 축구계의 고민이었다. 무엇보다 공격수가 드리블 을 할 수 있는 공간이 턱없이 줄어 들었다. 수비 전술이 더욱 고 도화된 것도 하나의 원인이었지만 수비수가 공격수에 접근하는 시간이 몰라보게 빨라졌기 때문이었다. 수비수의 스피드가 강조되기 시작한 것도 바로 1970년대였다.

　지금까지 세계 축구 흐름을 주도했던 남미 축구 스타일은 '공간 창조'를 하기 위해 안간힘을 썼지만 유럽 수비수들의 스피드를 이겨내지 못했다. '하얀 펠레' 지코와 함께 1980년대 브라질 축구를 이끌었던 정신과 의사 출신의 소크라테스는 "브라질 공격 축구가 다시 빛을 보려면 한 팀의 숫자를 11명이 아닌 7~8명으로 줄여야 한다"고까지 했다. 선수 숫자를 줄여서라도 자유롭게 공격을 펼칠 수 있는 공간을 만들어야 한다는 푸념이었다.

　흥미롭게도 유럽의 소국 네덜란드는 이미 1960년대 말에 '공간 창조'에 대한 실마리를 찾았다. 네덜란드 '토털사커'는 근본적으로 수비수도 때로는 공격수의 역할을 할 수 있고 공격수도 때로는 수비수의 역할을 해야 한다는 철학에서 출발했다. 모든 선수가 멀티 플레이어가 되어야 한다는 뜻이다. 하지만 '토털사커'의 진면목은 모든 선수가 창의적인 전진 패스를 할 수 있어야 한다는 것이었다. 수비수들이 몰려들 때 필드 플레이어가 과감한 전진 패스를 하지 못한다면 새로운 공간을 만들 수 없기 때문이다. 이처럼 공격 시에는 모든 선수가 공격에 참여해 순식간에 공간을 창출하는 게 네덜란드 '토털사커'의 목표였다.

　국토의 1/4이 해수면보다 낮아 농토가 부족했던 네덜란드는 간척사업을 적극적으로 실시해왔던 대표적인 국가였다. 어떤 의미에서 토털사커는 축구장의 공간을 패스로 창조하는 일종의 간척사업과 다름없었다.

'토털사커'는 수비를 할 때면 상대의 공간을 극단적으로 줄이는 전법을 구사했다. 오프사이드 트랩이 그 중심이었다. 공격수가 수비라인까지 내려갔다 다시 올라오기 위해서는 체력 소진이 심했다. 수비수가 공격에 가담할 때도 마찬가지였다. 그래서 네덜란드는 수비와 공격라인의 거리를 최소화시켰다. 그리고 이런 '컴팩트 사커'는 수비 시에 상대를 곤경에 빠트리는 오프사이드 트랩이 됐다.

1974년 월드컵에서 네덜란드와 맞붙었던 남미의 강호 브라질과 아르헨티나는 모두 네덜란드의 오프사이드 트랩을 뚫지 못했다. 브라질과 아르헨티나는 회심의 전진 패스가 오프사이드 트랩에 자주 걸리자 무리한 돌파를 시도했다. 네덜란드는 이 때마다 공을 빼앗아 공격을 주도했다. 브라질과 아르헨티나는 힘 한 번 제대로 써보지 못하고 네덜란드에 각각 2-0, 4-0으로 패했다.

하지만 축구에서 공간의 혁명이 일어났던 1974년 월드컵의 진짜 주인공은 서독이었다. 네덜란드 '토털사커'는 공간을 만들기 위해 끊임없는 전진 패스를 통해 공을 움직이게 하는 데 주력했다. 그런데 서독은 반대였다. 공간을 만들기 위해 선수를 움직이게 하는 것에 집중했다. 이 작전에서 가장 중요한 선수는 프란츠 베켄바워였다. 베켄바워의 원래 포지션은 미드필더였다. 하지만 1974년 월드컵에서는 수비수로 활약했다. 하지만 단순한 수비수가 아니었다. 그가 가진 경기조율 능력과 패스 기술을 썩힐 수 없다는 판단 하에 서독의 헬무트 쇤 감독은 베켄바워에게 공격 지휘권을 줬다. 현대 축구에서 리베로의 재발견이었다.

그래서 그는 네덜란드와의 결승전에서 자주 공격에 가담했다. 이미 네덜란드의 오프사이드 트랩 전술을 간파하고 있던 베켄바워는 절대 무리한 전진 패스를 시도하지 않았다. 대신 좌우 방향으로 빠른 횡 패스를 하고 스스로 전진해 다시 패스를 받는 방식으로 오프사이드 트랩을 뚫었다.

네덜란드의 오프사이드 트랩은 서독의 횡 패스에 이어지는 개인 돌파에 의해 무너졌다. 반대로 네덜란드가 공간을 만들기 위해 시도했던 전진 패스는 어느 순간 무력화됐다. 기본적으로 서독 선수들이 주력이 네덜란드 선수들을 압도했기 때문이었다. 네덜란드는 자주 빠른 템포의 전진 패스를 시도했지만 서독 수비수의 빠른 압박으로 자유로운 공격전개를 하기 어려웠다. 구소련의 발레리노 루돌프 누레예프가 '마치 발레를 하는 듯한 우아한 몸놀림을 보여주는 축구 선수'라고 극찬했던 네덜란드 요한 크루이프의 종횡무진한 움직임도 서독 수비에 자주 걸렸다.

"공을 소유하고 있는 동안 상대에게 골을 내주지 않는다"라는 크루이프의 신념은 서독과의 결승전에서 한계에 부딪혔다.

축구 경기에서 승리 방정식은 소유권이 아니라 득점이기 때문이었다. 실제로 골을 만들어내는 능력에서 서독은 네덜란드에 비해 앞서 있었다. 페널티 박스에서 골을 넣는 데는 세계 최고 수준의 게르트 뮐러가 있었기 때문이었다. 그는 베켄바워 같이 다재다능한 선수는 아니었지만 자신이 맡은 임무는 완벽하게 수행할 수 있는 '마이스터^{장인}'였다. 골대 근처에서 아주 작은 틈만 있어도 득점을 할 수 있는 뮐러는 결승골을 성공시켰고 서독에 두 번째 월드컵 우승 트로피를 안겼다. 1974년 월드컵 결승전이 끝난 뒤 '네덜란드가 경기를 지배했지만, 페널티 박스의 지배자는 뮐러였다'는 말이 나왔던 이유다.

──────── '실용주의'를 택한 브라질 삼바 축구와
──────── 프랑스의 샹파뉴 축구

1970년대까지 프로축구 선수들은 주로 자국 리그에서 활약했다. 간혹 많은 이적료와 연봉을 받고 해외 리그로 향하는 세계적인 선수들도 있었지만 그런 사례는 매우 드물었다. 유럽이나 남미 국가에서 축구 대표팀을 소집하면 대다수 선수들이 자국 리그 소속이었다. 하지만 1980년대 축구계에 거세게 불어 닥친 세계화 열풍 속에서 축구 스타들의 해외이적은 잦아졌다. 그러다 보니 서로 다른 국가의 축구 문화와 스타일은 급속도로 혼합되

기 시작했다. 자연스레 국가별로 고유한 것이라고 여겨졌던 축
구 스타일은 조금씩 비슷해졌다.

1990년대 브라질 축구는 펠레가 활약했던 1960~70년대 브라
질 축구와 달랐다. 화려한 개인기보다는 실용성과 효율성이 강
조되기 시작했다. 여기에는 조직적인 수비와 체력관리가 중요했
다. 이미 축구 과학과 전술이라는 측면에서 앞서 나갔던 유럽 축
구 스타일을 접목하지 않으면 브라질의 월드컵 우승이 요원해
보였기 때문이다.

브라질 축구에서 개인 드리블은 몰라보게 줄어들었고 팬들의
시선을 빼앗았던 즉흥적이고 독창적인 플레이도 마찬가지였다.
대신 수비를 강화한 브라질은 1994년 월드컵에서 24년 만에 우
승을 할 수 있었다. 브라질의 우승을 이끈 선수는 스트라이커 호
마리우나 베베투가 아니었다. 수비수에 가까운 미드필더 카를루
스 둥가였다.

당시 독일 분데스리가 슈투트가르트에서 활약했던 둥가는 브
라질 선수답지 않게 투박한 축구를 했지만 대신 투지가 넘치는
전사였다. 그의 리더십과 수비라인 지휘는 브라질 우승에 결정
적인 공헌을 했다. 중동의 쿠웨이트, 사우디 아라비아 대표팀 감
독 경력이 있던 카를루스 알베르투 파헤이라는 1994년 월드컵

을 앞두고 브라질 수비라인 구축에 심혈을 기울였고 둥가에게 수비라인의 지휘를 맡겼다. 파헤이라 감독은 유럽식 수비 전술을 구사하지 못하면 더 이상 삼바축구만으로 월드컵 정상에 오르는 것은 무리라고 봤다.

파헤이라 감독은 철저하게 1994년 월드컵에서 '이탈리안 게임'을 했다. 빨리 골을 넣고 문을 걸어 잠그는 축구였다. 빠른 시간 안에 골을 넣지 못하면 매우 조심스럽고 지루한 경기 운영을 했다. 이 같은 경기방식에 가장 필요한 선수는 둥가였다. 파헤이라 축구의 '페르소나'였던 둥가는 결국 이탈리아와의 월드컵 결승전에서 대활약을 펼쳤다.

당대 최고의 공격수 로베르토 바조는 둥가가 지휘하는 브라질 '빗장수비'에 막혔다. 연장전까지 스코어는 0-0이었다. 월드컵 결승 사상 최초의 무득점 경기였다. 결국 브라질이 승부차기 끝에 우승을 차지했지만 이 결승전 스코어 0-0을 일컬어 '브라질리언 게임'이란 조롱 섞인 표현까지 등장했다. 결국 파헤이라 감독은 월드컵 우승을 차지하고도 국민적 비난 속에 브라질 감독직을 내려놓았다. 한때 공격축구의 대명사였던 브라질 축구는 이렇게 1994년 월드컵에서 유럽 축구를 넘기 위해 수비축구를 가미했고, 결과를 이뤄냈지만 모두의 박수를 받지는 못했다.

4년 뒤 월드컵에서 우승을 차지한 프랑스도 특유의 스타일을 버리고 대회에 임했다. 프랑스 축구 스타일은 '샹파뉴샴페인 풋볼' 이라는 표현으로 집약된다. 코르크 마개를 열면 쏟아져 나오는 발포성 포도주 샴페인에 어울릴법한 신나는 축제 분위기의 공격 축구라는 의미다. 프랑스의 '샹파뉴 풋볼'은 중원에서 이뤄졌다. 1980년대 미셸 플라티니와 장 티가나가 이끄는 프랑스는 창의적인 패스가 화수분처럼 넘쳐 흐르는 우아한 스타일을 가지고 있었다. 전통적으로 프랑스에서 가난한 이민자들만 즐기는 스포츠로 낙인 찍혔던 축구는 1984년 프랑스의 유럽축구선수권대회 우승으로 국민 스포츠로 부상할 수 있었다.

하지만 프랑스 축구는 1980년대 월드컵 무대에서 국민들의 기대에 부응하지 못했다. 중원에서부터 짧은 패스로 상대 진영을 침투하며 골을 노리는 '샹파뉴 풋볼'을 충실하게 했지만 1982년과 1986년 월드컵에서 모두 서독에 패했다. 공을 다루는 능력에서는 프랑스가 서독에 앞서 있었지만 체력적인 면에서 서독을 당해내지 못했다.

그래서 프랑스 축구는 우아함과 낭만주의를 버렸다. 그들은 멋있고 아름다운 축구보다는 이기는 축구를 선택하기 시작했다. 프랑스 축구는 1982년 월드컵 준결승에서 서독에게 패한 이유는 결국 체력이었다는 결론을 내렸다. 이후 프랑스는 국가대표 축구 선수들과 연령대별 유망주를 집중적으로 관리해야겠다는 방침을 수립했고 1988년 프랑스 국립축구센터 클레르퐁텐이 개장됐다.

프랑스 축구는 클레르퐁텐 시스템을 통해 성장한 '황금세대' 덕분에 세계 최정상의 축구 강국으로 평가됐다. 프랑스 축구 대표 선수들 중 유럽 각국의 명문 구단에서 주전으로 뛰는 경우가 많았다. 이들은 더 이상 유럽 5대 리그 가운데 가장 낮은 수준의 프랑스 리그가 감당할 수 있는 선수들이 아니었다.

하지만 지네딘 지단을 필두로 한 세계적 스타들이 즐비했던 프랑스 축구에는 두 가지 결정적인 문제가 있었다. 우선 프랑스는 월드컵에서 우승한 경력이 없었다. 이는 프랑스 축구는 월드컵에서 늘 결정적 고비를 넘지 못 했다는 심리적 트라우마와 연결된 문제였다. 더욱이 프랑스가 1990년과 1994년 월드컵 본선 진출에 실패했다는 사실은 프랑스에서 열리는 1998년 월드컵을 준비하는 선수들에게 엄청난 부담감이었다.

여기에 더 심각한 문제는 프랑스 축구는 '샹파뉴 풋볼'을 해야 한다는 의무감이었다. 1998년 월드컵 월드컵을 앞두고 프랑스의 에메 자케 감독은 이 두 문제를 모두 해결했다. 그는 "져도 좋다 하지만 너희들은 세계 최고다"라며 선수들의 부담감을 줄였고 자신감을 북돋워졌다. 무엇보다 그는 '샹파뉴 풋볼'을 철저히 버렸다. 우아하고 창의적인 축구 스타일은 현실세계에 존재할 수 없다는 게 그의 지론이었다.

자케는 월드컵 우승을 위해 유능한 수비수를 원했다. 그 중심에는 세계 최고의 중앙 수비수 마르셀 드사이와 측면 수비수 릴리앙 튀랑이 있었다. 드사이는 북유럽 선수에게도 밀리지 않는 당당한 체격을 지닌 수비수였다. 그는 1 대 1 상황에서 거의 공격수의 돌파를 허용하지 않는 중앙 수비수였다. 심지어 스피드도 빨라 측면 수비가 무너졌을 때 이를 커버하는 능력도 매우 뛰어난 선수였다. 튀랑은 다재다능한 선수였다. 특히 튀랑은 중거리 슛 능력이 뛰어났다. 언제든 기회만 나면 골을 노려볼 만한 골 넣는 수비수였다. 하지만 그는 팀을 위해 희생할 줄 아는 선수였다. '공이 있는 곳에 항상 튀랑이 있다'는 말이 있었을 정도로 튀랑은 다른 선수들을 적극적으로 돕는 협업의 달인이었다.

1998년 월드컵 준결승에서 프랑스는 대위기를 맞았다. 이 대회 득점왕 다보르 수케르가 이끄는 크로아티아와 4강에서 만난 것이다. 월드컵에 첫 출전한 '신생국' 크로아티아는 만만한 상대가 아니었다. 드사이를 축으로 한 프랑스 수비라인은 크로아티아의 선제골에 완벽하게 무너졌다. 역시 프랑스는 월드컵의 준결승의 고비를 넘지 못한다는 트라우마가 엄습했다. 하지만 튀랑은 두 차례 중거리 슛으로 프랑스를 결승으로 끌어 올렸다. 그의 골은 그 누구도 예측하기 힘든 상황에서 터져 나온 골이었고 또다시 월드컵 패배감에 사로잡힐 뻔한 프랑스를 축제 분위기로 만들었다.

결승에서 브라질을 꺾고 우승한 프랑스 축구의 위대함을 '이민세대가 빚은 조각작품'이라고 말했다. 1998년 월드컵에서 활약한 프랑스 대표 선수 가운데 순수 프랑스 혈통은 손에 꼽을 정도로 적었다. 주축 선수들은 모두 제국주의 시대 프랑스 식민국가 출신 이민자의 후손이었다.

프랑스 극우파 정치인 장 마리 르펜은 이들을 가리켜 "프랑스 국가도 부를 줄 모르는 사람들"이라고 혹평했다. 하지만 그는 100년 전부터 프랑스 축구를 이민자들이 주도했다는 사실을 모르고 있었을 뿐이다. 프랑스 축구는 이들의 땀과 꿈이 서려있는 무대였다. 프랑스 국민들이 사랑했던 위대한 '샹파뉴 풋볼'의 리더 미셸 플라티니도 이탈리아 이민자의 아들이었으며 프랑스 최초의 전국구 축구 스타 레이몽 코파의 본명은 레이몽 코파제프스키였다. 그는 폴란드 출신 이민자로 프랑스 탄광에서 광부로 일하다 축구를 하게 됐다.

　프랑스의 사상 첫 월드컵 우승은 이처럼 '월드컵 순혈주의'의 벽을 완벽하게 깼다는 점에서 의미가 깊었다. 여기에 프랑스 축구는 이 우승으로 '샹파뉴 풋볼'의 압박에서 완전히 벗어났다. 20세기 마지막 월드컵에서 보여 준 에메 자케의 실리 축구는 낭만주의 축구의 종언을 선언했다. 이제 축구장에서 '아름다운 패배'는 사라졌다.

 '우리 팀이 공을 소유하는 동안 상대는 골을 넣을 수 없다'는 요한 크루이프의 축구 철학은 스페인의 점유율 축구를 이끌었으며 많은 영향을 미쳤다. 크루이프는 상대에게 공을 뺏기지 않는 볼 키핑 능력이 뛰어난 선수들이 즐비했던 FC 바르셀로나를 유럽 정상으로 끌어 올렸다. 자주 유럽을 평정해왔던 레알 마드리드와 함께 FC 바르셀로나의 축구가 만개한 순간이었다.

 문제는 스페인 국가 대표팀이었다. 스페인에는 세계 정상급 선수들이 많았지만 이상하게도 월드컵에서는 좋은 성적을 기록하지 못했다. 늘 결정적인 순간 고개를 숙였다. 스페인의 월드컵 부진에 대해 여러 분석이 뒤따랐다. 그 중에서도 뿌리깊은 지역주의가 늘 단골손님처럼 스페인 패배의 한 원인으로 지목됐다. 카탈루냐와 바스크 등 프랑코 총통의 독재시절 탄압을 받았던 지역의 상징이었던 FC 바르셀로나와 아틀레티코 빌바오 등이 레알 마드리드와 펼치는 스페인 축구 삼국지가 프로축구 흥행에 결정적 역할을 했지만 정작 국가대표팀을 꾸릴 때는 장애요인이 된다는 것이었다.

카탈루냐 사람들이나 바스크 사람들의 마음 속에는 FC 바르셀로나와 아틀레티코 빌바오 같은 클럽팀이 그들의 국가대표팀이나 다름없다는 의미였다. 1994년 월드컵 때 스페인 국가 대표팀 감독이었던 바스크 출신의 하비에르 클레멘테가 동향의 선수들을 선호했다는 이유로 미디어의 뭇매를 맞은 것도 이런 이유였다. 한 마디로 오랜 기간 동안 스페인 축구에는 아름다운 독창은 있었을지 몰라도 웅장한 합창은 없었다. 한때 훌리건들에 포위된 축구가 영국병病이었다면, 지역감정 때문에 하나로 뭉쳐지지 못하는 축구 국가 대표팀은 스페인 축구의 고질병病이었다.

2010년 남아프리카 공화국에서 스페인 축구는 다시 태어났다.

90분 동안 공을 돌릴 수 있는 패스 장인匠人 덕분이었다. 1980년 대만 하더라도 스페인 프로 팀의 성인선수로 뽑히기 힘들었을 법한 신장 170cm 남짓의 안드레스 이니에스타와 차비 에르난데스와 같은 선수들은 패싱 게임의 진수를 보여줬다. 스페인의 축구는 끊임없이 이어지는 패스를 통해 점유율 축구의 규범을 세웠다. 스페인 라리가 축구 경기에서 공을 상대에게 뺏기지 않고 패스가 이어질 때 관중석에서 터져 나오는 '올레olé'라는 함성이 월드컵에도 들리는 듯했다.

10명의 필드 플레이어들이 만들어낸 패스의 향연은 마치 10줄의 기타를 든 연주자가 '알함브라 궁전의 추억'을 같은 속도로 여러 번 연주하는 트레몰로 주법 같이 느껴졌다. 하지만 그 패스 하나 하나에는 선수들의 개성과 자유가 묻어났다. 자기 파트에 충실하면서도 아름다운 하모니를 추구하는 합창이었다. 당시 스페인 축구에는 이처럼 남미 축구의 자유로움과 유럽 축구의 규율이 균형을 이루고 있었다.

스페인에는 남미 축구의 드리블 천재는 없었지만 팀을 위해 무한 희생을 강요받는 무명용사도 없었다. 탁구공이 왔다 갔다 한다는 의미의 '티키타카'에는 선수 전원이 주인공이나 다름없다는 뜻도 함께 담겨 있었다. 국가대표팀 경기에 악영향을 미쳤던 스페인의 지역주의도 이 월드컵 우승으로 완전히 해소됐다. 대표팀에는 카탈루냐와 마드리드를 중심으로 한 카스티야 지방 출신 선수들은 물론이고 바스크 지역의 선수들이 있었다. 스페인이라는 이름으로 연합한 이 선수들이 이룬 성과에 국민들은 환호했고 뿌리깊은 축구 지역주의도 휴화산이 됐다.

아이러니하게도 스페인 점유율 축구의 최정점은 네덜란드와의 2010년 월드컵 결승전을 통해 완벽히 구현됐다. 네덜란드의 축구 전설 크루이프가 스페인에 뿌린 씨앗이 거대한 나무로 성장해 네덜란드에 큰 아픔을 남긴 셈이다. 두 국가는 역사적으로도 특별한 관계였다. 카톨릭 국가 스페인의 지배자인 펠리페 2세는 16세기 종교개혁 때 개신교를 받아들인 네덜란드를 탄압했다. 이후 네덜란드는 스페인과의 전쟁에서 승리해 독립을 쟁취했다. 독립전쟁을 지휘했던 오라네^{오렌지}공 빌럼은 네덜란드의 영웅으로 자리잡았다. 네덜란드 축구 대표팀의 유니폼이 오렌지 컬러로 물든 것도, 오렌지 군단이라는 별칭으로 불리게 된 것도 스페인과 무관치 않은 일이라고 할 수 있다.

10

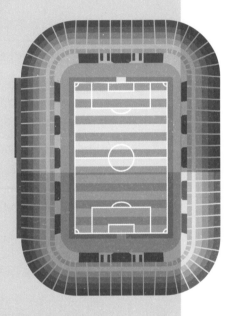

정말 월드컵 때문에?!
온두라스
vs 엘살바도르
축구 전쟁

이론의 여지가 전혀 없는 것은 아니지만, 세계 최대 규모의 스포츠 이벤트는 올림픽, 정확히는 하계 올림픽이다. 하지만 축구 월드컵은 올림픽에 버금가는 영향력을 가지고 있다. 올림픽과는 차별화되는 장점이 있기 때문이다. 올림픽과 달리 월드컵은 단일 종목으로 대회가 펼쳐지지만, 축구가 세계적으로 가장 넓게 전파된 스포츠이기 때문에 세계인들의 관심을 이끌어 내는 데 유리하다. 여기에 한 종목에서 뛰어난 선수 한 명만 있어도 메달 획득을 통해 국민적 기쁨을 얻을 수 있는 올림픽과는 달리 월드컵은 수십 명의 선수들이 긴 시간 치열한 지역 예선을 펼쳐야 한다.

적지 않은 국가들은 이 지역 예선을 통과해 월드컵 본선 무대에 가는 것만으로도 축제 분위기를 즐긴다. 그래서 월드컵 예선은 각 종목별로 펼쳐지는 올림픽 예선에 비해 대중적 관심이 높다. 실제로 세상 사람들은 축구 경기를 국가적 자부심을 표출할 수 있는 상징적인 스포츠로 여긴다. 라이벌 국가와의 경기를 '축구 전쟁'이라고 말하는 것도 이 때문이다. 그 경기가 월드컵 예선이나 본선이라면 실제로 전쟁 같은 분위기가 그라운드에서 빈번히 연출되기도 한다.

1970년 멕시코 월드컵 예선전에서는 축구 경기가 도화선이 돼 인접국가 간의 전쟁으로 비화된 웃지 못할 사태가 발생했다. 온두라스와 엘살바도르의 축구 전쟁이었다. 두 팀은 1969년 북중미카리브축구연맹CONCACAF이 주관하는 월드컵 지역예선에서 격돌했다. 홈 앤 어웨이 방식으로 펼쳐진 이 두 차례 경기에서 승리 팀은 월드컵 본선에 진출할 수 있었다. 어느 팀이 월드컵 본선에 간다고 하더라도 최초의 월드컵 본선 진출이었다. 두 팀은 사력을 다할 수밖에 없었다.

첫 경기는 온두라스에 열렸다. 온두라스 팬들은 엘살바도르 팀이 투숙하고 있던 호텔 앞에서 폭죽을 쏘고 북을 치며 밤새도록 엘살바도르 선수들의 숙면을 방해했다. 축구 열정이 뜨거운 중남미 지역에서 자주 볼 수 있는 풍경이었다. 온두라스 팬들의 방해작전은 성공을 거뒀다. 온두라스는 경기 막판 터진 로베르토 카르도나의 골로 1-0의 승리를 거뒀다.

그런데 이 경기 결과가 엘살바도르에는 재앙이었다. TV를 보고 있던 18세 아멜리아 볼라니오스가 분을 못 참은 나머지 스스로 목숨을 끊은 사건까지 발생했다. 다음 날 엘살바도르 신문 「엘 나시오날」은 "이 어린 여성은 그녀의 조국이 무릎을 꿇는 것을 참을 수 없었다"라고 애국심을 자극하는 논평을 내놓았다. 곧 엘살바도르의 수도 산살바도르에서는 아멜리아 볼라니오스를 추모하는 장례식이 성대하게 열렸다. 대통령과 각 부처 장관들도 참여한 이 장례식은 TV로도 중계됐다.

　1주일 뒤 엘살바도르에서는 온두라스와의 월드컵 최종 예선 2차전 경기가 펼쳐졌다. 엘살바도르 국민들은 온두라스에 당했던 것을 그대로 갚아줬다. 온두라스 선수들이 묵고 있는 호텔 창문에는 돌은 물론 썩은 달걀과 죽은 생쥐까지 날아 들었다. 험악한 분위기 속에서 펼쳐진 2차전 경기는 엘살바도르의 승리로 끝났다. 온두라스의 국가가 흘러나올 때 야유는 빗발쳤고 온두라스의 국기는 불태워졌다. 결국 온두라스 선수들은 장갑차를 타고 경기장을 빠져나가야 했다.

　두 국가가 월드컵 예선을 계기로 축구전쟁까지 치러야 했던 과정을 생생하게 취재해 『축구전쟁』이라는 저서를 남긴 폴란드의 리자르드 카푸시친스키 기자는 경기장 밖에는 갑작스럽게 엘살바도르의 민족 영웅이 된 아멜리아 볼라니오스의 초상화를 앞세운 사람들로 인산인해를 이루고 있었다고 했다. 화가 머리 끝까지 난 온두라스 국민들은 참혹한 복수를 시작했다. 이들은 온두라스에 거주하던 많은 엘살바도르 사람들을 무참히 공격했다. 이 사건 때문에 엘살바도르인들은 허겁지겁 온두라스를 빠져나올 수밖에 없었다.

당시 무려 30만 명의 엘살바도르 사람들은 일자리와 농사를 지을 수 있는 땅을 찾아 온두라스에서 대부분 불법 이민자의 신분으로 근근이 생계를 유지하고 있었다. 이렇게 많은 사람들이 조국을 떠나 온두라스로 간 이유는 엘살바도르의 불평등한 토지 재분배와 극심한 소득격차 때문이었다. 엘살바도르 사람들은 토지는 넓지만 인구가 적어 추가 노동력이 필요했던 온두라스로 떠나야 했다. 하지만 이들은 월드컵 예선전에서 발생한 두 국가 간의 충돌로 희생양이 될 수밖에 없었다.

1승 1패로 승부를 가리지 못한 두 국가는 멕시코에서 마지막 결전을 치렀다. 엘살바도르 팬들은 그들의 동포를 무참히 공격한 온두라스 사람들을 향해 '살인자'라고 소리쳤다. 반대로 온두라스 팬들은 수도인 테구시갈파 곳곳에 '그 누구도 온두라스를 이길 수 없다'는 낙서를 남겼다. 이 경기에서 엘살바도르는 3-2의 극적인 승리를 거둬 꿈에 그리던 월드컵 본선 진출에 성공했다. 하지만 두 나라의 대결은 축구로 끝나지 않았다.

엘살바도르가 온두라스와의 외교관계를 끊고 전쟁을 시작한 것이다. 4,000여 명의 사망자가 발생한 이 전쟁은 5일 만에 끝났다. 인구수가 많은 엘살바도르가 우세한 전쟁이었지만 유혈사태 확산을 우려했던 미국 등이 중재에 나서서 빠르게 종전할 수 있었다. 엘살바도르는 월드컵 본선 진출을 이뤘지만 이 전쟁으로 많은 것을 잃었다. 온두라스로 떠났던 엘살바도르 사람들이 다시 본국으로 귀환해 빈민층을 형성했기 때문이었다. 이 같은 사회 혼란으로 인해 엘살바도르는 결국 쿠데타와 내전의 소용돌이 속으로 빠져들게 된다.

11

이탈리아 탈락 ────
+ 웨일스 진출 ────
= 브라질 우승 ────

이탈리아가 떨어지고 웨일스가 올라오면 브라질이 우승한다!

2018년 월드컵 이전까지 월드컵 단골 손님인 이탈리아가 1934년 월드컵부터 본선 진출에 실패한 적은 단 한 번 있다. 반대로 웨일스가 월드컵 본선에 진출한 적도 단 한 번뿐이었다. 이 경우는 1958년 스웨덴 월드컵 때 발생했다. 그런데 월드컵 역사에서 이런 일이 64년 만에 연출됐다.

2022년 11월 카타르에서 열리는 월드컵에는 이탈리아가 없다. 하지만 웨일스가 있다. 그래서 1958년에 '축구 왕국' 브라질이 첫 월드컵 우승을 차지한 대회와 같은 상황이기 때문에 2022년에도 브라질이 우승을 할 것이라는 농담 섞인 말까지 나왔다. 그런데 농담이 아니다. 브라질은 현재 글로벌 베팅 업체가 예상하고 있는 카타르 월드컵의 우승후보 1순위다. 만약 브라질의 우승이 현실화된다면 1958년과 2022년 월드컵의 평행이론은 성립된다.

이탈리아는 1930년 제1회 월드컵에 불참했다. 하지만 1934년과 1938년 월드컵 2연패로 축구 강국의 위치에 올라섰다. 지금까지 월드컵 우승만 4번이나 차지했다. 가끔 이변의 희생양이 된 적은 있지만 월드컵 본선 진출에 실패하는 경우는 역사상 세 번1958년, 2018년, 2022년밖에 없었다. 카타르 월드컵 유럽 지역예선 플레이오프에서 이탈리아는 북마케도니아에 0-1로 패했다. 충격적인 월드컵 2회 연속 예선탈락이었다. 불과 1년 전 유로 대회에서 이탈리아가 우승을 차지했다는 점을 놓고 보면 더 충격적인 일이다. 문자 그대로 '롤러코스터 드롭'이다.

이탈리아는 2018년에도 월드컵에 '결석'했다. 당시에는 유럽 플레이오프에서 스웨덴에게 일격을 당했다. 스웨덴은 공교롭게도 이탈리아가 최초로 월드컵 지역예선에서 탈락했던 1958년 월드컵 개최국이었다.

당시 이탈리아 세리에 A 리그가 세계 최고 수준의 프로 축구 리그라 이탈리아의 월드컵 탈락은 신기한 일로 받아들여졌다. 돈 많은 세리에 A 클럽에는 세계적인 선수들도 많았다. 특히 개인기가 뛰어난 남미 출신 선수들이 많았다. 이 중에는 AC 밀란에서 뛰던 스키아피노와 AS 로마의 알시데스 기지아 같은 선수도 있었다. 두 선수는 1950년 우루과이가 브라질을 제압하고 사상 두 번째 월드컵 우승을 차지하는 데에 결정적 역할을 했다. 흥미롭게도 두 선수는 모두 이탈리아 혈통이었다. 그래서 1958년 월드컵 예선에서 스키아피노와 기지아는 이탈리아 아주리 군단의 일원으로 뛸 수 있었다. 아직 FIFA가 국적과 관련해 월드컵 출전 선수의 자격을 엄격하게 따지지 않았던 '호랑이 담배 먹던 시절'이라 가능했던 일이었다.

하지만 결과는 안 좋았다. 당시 이탈리아 대표팀 공격라인은 5명 가운데 1명을 제외하면 모두 오리운디로 불리는 해외 출생자였다. 이들은 1958년 월드컵 예선에서 이탈리아와 함께 침몰했다. 그리고 국민적인 비난의 대상이 됐다. 이탈리아 언론은 "이탈리아의 예선 탈락은 모두 공격을 책임졌던 외국에서 출생한 선수들 때문이다. 이들 중 두 명은 심지어 이탈리아 혈통이 아니다"라고 공격했다.

이탈리아는 1957년 12월 4일 북아일랜드와 월드컵 본선 진출 여부가 달린 절체절명의 경기를 앞두고 있었다. 이 경기는 북아일랜드 벨파스트의 윈저 파크에서 펼쳐질 예정이었다. 그런데 문제가 생겼다. 헝가리 출신의 주심과 선심이 북아일랜드에 경기 당일까지 도착하지 못한 것이다. 그는 런던에서 비행기를 갈아타고 벨파스트로 가려고 했지만 그 유명한 '런던 포그' 안개 때문에 비행기가 뜰 수 없었다.

이 소식을 듣게 된 북아일랜드 축구협회 관계자는 당황했다. 그래서 잉글랜드 주심으로 교체해 경기를 치르자고 이탈리아에 제의했다. 하지만 이탈리아는 완강하게 반대했다. 잉글랜드나 북아일랜드나 이탈리아 입장에서는 '초록은 동색'이었다. 이탈리아는 경기 취소를 원했다. 하지만 북아일랜드의 입장은 달랐다. 열광적 애국심으로 사로잡힌 많은 북아일랜드 팬들이 이 경기를 지켜볼 예정이었기 때문이다. 북아일랜드 축구협회는 이탈리아 대표팀을 설득했다. 결국 이 경기는 친선경기로 치러졌다. 이 경기는 지금까지도 월드컵 예선전이 친선경기로 바뀐 유일한 사례로 남아있다.

물론 두 팀의 친선경기에서 '친선'은 없다. 5,000여 명의 북아일랜드 관중들은 이 경기가 친선경기로 개최된다는 발표를 듣자마자 분노했다. 이탈리아 국가가 나오는 동안 이들은 야유를 보냈다. 전반전이 끝났을 때 그라운드를 빠져나가는 이탈리아 선수들을 향해 병을 집어 던지기도 했다. 경기장 분위기가 최악을 치달으면서 선수들 간의 몸싸움이 발생했고 레드 카드를 받은 이탈리아 선수는 판정에 승복하지 않고 그라운드를 떠나지 않았다. 이에 화가 난 북아일랜드 팬들은 경기가 끝난 뒤 그라운드에 난입했고 이탈리아 선수에게 주먹질을 했다. 이탈리아 선수 한 명은 거의 린치 수준의 폭행을 당해 의식마저 잃었다.

경기 다음날 이탈리아 일간지 「일 메사제로Il Messaggero」는 "북아일랜드 팬은 원시시대의 야만인"이라고 맹비난했다. 한편 북아일랜드의 한 국회의원은 이 난동 사건에 대해 정중히 사과를 했다. 그 국회의원의 지역구에 다수의 이탈리아 이민자들이 살고 있었기 때문이다.

1958년 1월 두 팀은 벨파스트에서 진짜 월드컵 예선전을 펼쳤다. 한 달 전 난동 속에 치러진 친선경기 때문에 이 경기에 대한 관심은 더욱 상승했다. BBC는 이 경기를 생중계했다. 북아일랜드에서 펼쳐진 축구 경기로는 첫 생중계였다. 북아일랜드는 철통 같은 수비를 바탕으로 이탈리아 공격을 잘 막아냈다. 이탈리아의 기지아는 퇴장까지 당했고 북아일랜드가 2-1의 감격적인 승리를 거둬 사상 첫 월드컵 본선 진출에 성공했다. 북아일랜드의 한 매체는 경기 후 "경기장이 눈물바다였다"고 보도했다. 반면 침통한 분위기의 이탈리아에서는 "더 이상 이탈리아는 축구계의 귀족이 아니다. 우리는 축구 변방 국가다"는 말이 떠돌았다.

1958년 월드컵은 잉글랜드, 웨일스, 스코틀랜드, 북아일랜드 등 영국내 4개 FIFA 회원국이 모두 본선에 진출한 유일한 대회였다. 이 가운데 웨일스와 북아일랜드가 8강에 올랐다. 전통적으로 영국 회원국 중 축구 실력이 뛰어난 잉글랜드와 스코틀랜드는 일찍 탈락했다. 1958년 대회에서 전력이 가장 뛰어났던 팀은 웨일스였다. 웨일스에는 1957년 영국 선수로는 가장 많은 이적료인 6만 7,000 파운드를 받고 유벤투스로 이적한 존 찰스와 스트라이커 트레버 포드가 있었다.

하지만 웨일스는 4강 진출에 실패했다. 브라질과의 8강전에서 웨일스는 좋은 경기를 펼쳤지만 1-0으로 패했다. 준결승과 결승에서 브라질이 각각 프랑스와 스웨덴의 수비를 상대로 5골씩 넣으며 무너트린 점을 고려하면 웨일스의 수비는 견고했다. 하지만 웨일스는 브라질의 수비를 뚫어내지 못했다.

오늘날 1958년 스웨덴 월드컵은 18세 축구 신동 펠레를 세계적인 스타로 만들어준 대회로 기억되고 있다. 물론 그는 문자 그대로 불세출의 축구 선수였다. 펠레와 함께 호흡을 맞췄던 낭만파 드리블러 가린샤나 브라질 공격의 윤활유 역할을 했던 지지도 상상을 초월하는 개인기의 소유자들이었다. 펠레나 가린샤에 비해 덜 유명한 지지는 브라질의 봄날의 햇살 같은 존재였다. 그는 어려운 순간마다 브라질 공격의 실타래를 풀어주는 선수였다.

그렇지만 1958년에 브라질이 사상 최초로 월드컵 정상에 오른 결정적 이유는 정부의 훌륭한 지원 덕분이었다. 브라질 축구는 선수들의 개인기는 출중했지만 그동안 월드컵을 앞두고 주먹구구식의 접근을 했다. 월드컵과 같은 대회에서 우승하기 위해서는 치밀한 준비가 절실했다. 이 부족한 부분을 메워준 사람은 브라질 대통령 주셀리누 쿠비체크였다. 쿠비체크는 재임 기간에 기득권 세력의 반대에도 불구하고 브라질의 신행정 수도 브라질리아를 건설했던 지도자다.

쿠비체크는 브라질의 국민통합을 위해 월드컵 우승 프로젝트에 집중했다. 협회 관계자들은 스웨덴에서 대표팀 훈련 캠프 장소 후보를 물색하기 위해 무려 25개 지역을 탐방했다. 관계자들은 브라질 대표팀이 투숙하게 될 호텔에서 일하고 있던 여직원들도 다수 교체했다. 혹시나 모를 브라질 선수와의 '월드컵 로맨스'를 미연에 방지하기 위해서였다. 그리고 축구 국가대표팀을 지원하기 위해 의사, 치과의사, 트레이너, 회계담당관과 심리치료사까지 고용했다.

치과의사는 선수들이 최상의 컨디션에서 뛸 수 있도록 열심히 충치 치료와 발치를 했고 트레이너는 선수들의 식단 관리까지 했다. 심리치료사는 선수들의 심리 상담뿐만 아니라 상대 팀의 정보를 캐내기 위해 동분서주했다. 여기에 브라질의 비센테 피올라 감독은 4-2-4 전술을 예술의 경지로 끌어올릴 만큼의 탁월한 전략가였다. 그는 4-2-4 전술을 창시한 헝가리계 유대인 벨라 구트만이 상파울루에서 감독으로 일할 때 코치로 활약했다.

1958년에 이어 64년 만에 이탈리아는 월드컵에서 예선 탈락했고 웨일스는 본선에 진출했다. 공교롭게도 이탈리아는 1958년 월드컵 예선에서 북아일랜드Northern Ireland에 패해 본선 진출이 좌절됐고 2022년 월드컵 예선에서는 북마케도니아North Macedonia에 패해 고개를 숙였다. 모두 North北가 국명에 포함돼 있는 국가였다. 이탈리아가 월드컵에서 당한 가장 치욕적인 패배로 생각하는 경기는 1966년 북한North Korea 전이었다. 이렇게 보면 이탈리아 축구에 '노스 포비아'라는 트라우마가 있는 건 아닌지 모르겠다.

웨일스는 2016년과 2020년 유로 대회 본선에 연거푸 진출했다. 그리고 2022년 월드컵 본선 진출권도 따냈다. 웨일스 축구의 전성기는 가레스 베일과 아론 램지 덕분에 다시 찾아왔다고 해도 과언이 아니다. 하지만 웨일스가 1958년 월드컵처럼 다시 8강에 오를 가능성은 매우 낮다. 웨일스 국기에 등장하는 레드 드래곤이 아무리 용을 쓴다 해도 어려워 보인다.

역시 관심의 초점은 브라질이다. 과연 브라질은 이탈리아가 탈락하고 웨일스가 올라왔던 1958년처럼 2022년에도 월드컵 패권을 차지할 수 있을까? 1958년 펠레와 같이 화려하게 월드컵 데뷔무대를 장식할 만한 선수는 없어 보이지만 브라질의 우승

가능성은 꽤 높아 보인다. 문제는 2002년 월드컵 이후 지속되고 있는 남미 팀의 월드컵 우승 가뭄이다. 최근 4차례의 월드컵에서는 모두 유럽 국가가 우승했다. 다행인 것은 아시아에서 대회가 열린 2002년 한일 월드컵 때도 브라질이 우승을 차지했다는 사실이다. 카타르 월드컵은 두 번째로 아시아 국가에서 열리는 월드컵이다.

브라질 국내 정치와의 함수관계도 흥미롭다. 1958년 스웨덴 월드컵에서 브라질이 우승하는 데 큰 역할을 했던 쿠비체크 대통령은 이 우승 덕택에 브라질 국민들의 기억 속에 존경할 만한 지도자로 남아있다. 2002년 월드컵에서 브라질이 우승한 다음에 펼쳐진 브라질 대선에서는 노동 운동가 출신의 좌파 지도자 룰라가 대통령이 됐다. 브라질의 우승이 룰라 지지자들의 결집에 영향을 미쳤다는 평가가 지배적이었다. 그는 연임에도 성공해 2010년까지 대통령을 지냈다. 그리고 올해 2022년 카타르 월드컵이 개막하기 한 달 전에 열린 브라질 대선에서 룰라 전 대통령은 다시 당선되며 역사상 첫 3선 대통령이 됐다. 그의 대통령 집권 시즌 2는 카타르 월드컵과 함께 본격적으로 시작될 것 같다.

12

아프리카 축구의 ———
'비나쇼노' 효과 ———

유럽 축구 강국의 대표팀에는 아프리카 혈통의 선수들이 많다. 이들 중에는 한 국가를 대표하는 축구 스타도 꽤 있다. 프랑스의 킬리앙 음바페파리생제르맹나 벨기에의 로멜로 루카쿠인테르나치오날레 등이 대표적이다. 이와 반대로 아프리카 축구 국가대표팀에 유럽에서 나고 자란 아프리카계 선수들의 비중도 매우 높아졌다. 세네갈, 알제리처럼 과거 프랑스의 식민지였던 국가에는 프랑스에서 태어나 프랑스 프로축구에서 활약하는 자국 혈통의 선수가 특히 많다.

흔히 이들을 프랑스어로 '비나쇼노Binationaux; 이중국적자들'라고 부른다. 이 표현은 1962년 프랑스로부터 독립한 알제리가 지난 2001년 프랑스와 펼친 양국 축구 대표팀간의 사상 첫 맞대결, 친선경기 때 널리 알려졌다. 당시 알제리 대표팀에는 프랑스에서 출생한 알제리계 선수가 6명이나 포함돼 있었다. 알제리 팬들은 프랑스 국기가 연주될 때 야유를 퍼부었다. 식민지배 기간 동안 프랑스가 자행한 학살과 수탈은 물론이고 독립 이후 프랑스로부터 진정한 사과를 받지 못했기 때문이었다. 하지만 알제리는 프랑스의 오랜 식민지배로 프랑스의 흔적이 너무 많이 남아 있다. 그 흔적은 알제리가 공용어로 사용하고 있는 프랑스어와 프랑스 프로 팀에서 뛰는 선수들이 주축을 이루는 축구 대표팀에 특히 강하게 남아 있다.

코로나 팬데믹으로 인해 2022년에 열렸던 2021 아프리카 컵 오브 네이션스아프리카 네이션스컵 대회에서도 비나쇼노 선수들의 역할이 매우 중요했다. 지난 2019년 대회에서 우승을 차지한 알제리의 선수 구성을 보면 이런 면이 확연하게 드러났다. 엔트리에 등록된 23명의 알제리 선수들 가운데 무려 14명이 프랑스에서 출생한 이들이었다.

기본적으로 유럽에서 출생한 아프리카계 축구 선수들은 출생한 국가의 대표 선수가 될 수 있다. 하지만 부모 혈통에 따라 아프리카 국가의 대표 선수 역시 될 수 있다. 대부분 출생 국가의 대표 선수가 되는 걸 최우선으로 생각한다. 하지만 유럽 국가의 대표 선수가 되는 게 힘들다고 판단되면 대안으로 아프리카 국가를 선택하는 경우가 일반적이다. 물론 예외적인 경우도 있다. 네덜란드에서 출생한 모로코계 선수 하킴 지예흐첼시는 네덜란드 축구 청소년 국가대표로 활약했으며 성인 국가대표 선발 가능성도 충분히 높았지만, 모로코를 선택했다.

아프리카 축구는 대표팀의 전력 향상을 위해 비나쇼노들에게 깊은 관심을 보이고 있다. 이들이 유럽 클럽 시스템을 일찍 경험한 선수들이라 기본기 훈련이 잘 되어 있고 전술적 이해도도 높기 때문이다. 여기에 체계적인 트레이닝과 충분한 영양 공급을 통해 체격과 체력 면에서도 장점이 있다.

유럽에서 자국 혈통의 선수들을 데려오기 위해 공을 들이는 것은 이제 아프리카 축구에서 일상적인 일이 되고 있다. 2021 아프리카 네이션스컵에서 8강에 진출한 모로코는 스페인 청소년 국가대표 출신인 무니르 엘 하디디세비야를 대표팀으로 뽑기 위해 노력했다. 모로코 축구협회는 지난 2018년 엘 하디디의 국적 변경을 신청했지만 FIFA국제축구연맹가 이를 거절했다. 하지만 FIFA는 바뀐 규정을 적용해 2021년 그의 국적 변경을 허용했다.

엘 하디디가 21세가 되기 이전에 오직 한 번만 스페인 성인 국가대표팀에 차출됐다는 점이 중요했다. FIFA가 내놓은 새로운 규정은 21세 이전까지 성인 국가대표팀에 3회 이상 차출된 선수가 아니라면 국적 변경이 가능하게 돼 있다. 모로코 축구의 중심 역할을 하고 있는 아슈라프 하키미파리생제르맹도 스페인 마드리드에서 출생한 '비나쇼노'다.

아프리카 네이션스컵의 숨은 키워드도 이들 '비나쇼노'였다. 출전국 가운데 '비나쇼노 효과'를 가장 크게 누린 팀은 대회 우승국인 세네갈이다. 세네갈의 핵심 선수는 사디오 마네바이에른뮌헨와 골키퍼 에두아르 멘디첼시다. 이 가운데 프리미어리그 역사상 최고의 아프리카 출신 골키퍼로 평가받는 멘디는 프랑스에서 출생해 성장한 비나쇼노다. 그리고 측면 수비수 보우나 사르바이에른뮌헨와 수비형 미드필더 파파 게예올랭픽 마르세유도 프랑스와 세네갈 이중국적이었지만 세네갈 국가대표팀에서 뛰게 된 선수다.

2022 카타르 월드컵 조별예선에서 한국과 격돌하는 가나도 전력 강화를 위해 비나쇼노 영입에 온 힘을 쏟았다. 가나는 공격수 이냐키 윌리암스아틀레티코마드리드를 비롯해 디리크 램프티브라이튼앤호브알비온, 모하메드 살리수사우샘프턴 등 유럽 빅리그에서 뛰고 있는 선수들이 귀화해 대표팀에 합류했다. 또한 칼럼 허드슨-오도이, 제레미 프림퐁바이엘04레버쿠젠 등의 선수도 월드컵 무대에서 활용하기 위해 노력하고 있다. 아프리카 축구의 비나쇼노 효과는 카타르 월드컵에서 놓칠 수 없는 흥미 요소이며, 앞으로는 아프리카뿐만 아니라 중동이나 동남아 등 아시아 국가들도 다각적으로 검토할 만한 전력 강화 요인이 될 것으로 보인다.

13

폴란드 자유노조를 ———
세계에 알린 ———
1982년 월드컵 ———

1982년 스페인 월드컵의 주인공은 이탈리아였다. 이탈리아 축구는 월드컵 2년 전인 1980년 축구계를 뒤흔든 '토토네로' 승부 조작 스캔들로 초상집이었다. 이 사건으로 이탈리아의 기대주 파올로 로시는 2년 출장정지 징계를 받았다. 하지만 그는 1982년 월드컵에서 이탈리아 축구의 구세주로 부활했다. 로시는 6골로 대회 득점왕에 오르며 이탈리아의 통산 월드컵 세 번째 우승을 견인했다. 그는 서독과의 결승전에서 더트린 다이빙 헤딩 골이 자신이 넣은 수많은 골 중에 최고라고 평가했다.

하지만 1982년 월드컵에서 세계인들의 이목을 집중시킨 '신스틸러'는 단연 폴란드였다. 폴란드는 냉전 시기에 소련, 헝가리, 체코슬로바키아와 함께 동구권 축구 최강국이었다. 특히 1970-80년대 월드컵에서 크게 맹위를 떨쳤다. 1974년 월드컵에서 폴란드는 3위를 차지했다. 일반적으로 냉전시대 동구권 축구 국가대표팀은 올림픽에 집중하는 경향을 보였다. 올림픽 축구에는 서유럽과 남미의 프로페셔널 선수들이 출전할 수 없었기 때문이었다. 그래서 동구권 팀들이 올림픽 축구에서는 상대적으로 우위를 보일 수 있었다.

물론 동구권 국가들에서 축구 대표팀에 뽑힌 선수들도 냉정히 말해 축구라는 스포츠를 통해 금전적 대가를 받는 프로페셔널이었다. 이들은 대개 군대, 비밀경찰과 대규모 공장에서 재정적인 후원을 받았다. 하지만 유럽이나 남미 선수들과 달리 이들은 군인으로 또는 공장 직원으로 일하면서 월급을 받았기에 프로축구 선수로 분류하기에는 애매한 부분이 있었다. 이런 이유로 IOC는 이들을 프로페셔널로 규정하지 않았다. 이들은 국가와 공산당의 지원 속에서 아마추어 자격을 유지했다. 이는 폴란드 축구 선수들도 마찬가지였다.

폴란드에서는 1976년 대규모 시위가 끊이지 않았다. 폴란드 노동당이 생활필수품 가격을 갑자기 높였기 때문이었다. 폴란드 사회에서는 노동당과 공산주의에 대한 불신이 싹텄다. 그리고 2년 뒤인 1978년 요한 바오로 2세가 제 264대 교황이 됐다. 폴란드 출신 교황의 등장은 소련과 KGB를 긴장시켰다. KGB의 수장이었던 유리 안드로포프는 요한 바오로 2세의 등장은 소련 공산당 조직의 동구권에서의 영향력을 떨어트릴 것으로 내다봤다. 자유를 갈망했던 폴란드 국민들은 요한 바오로 2세의 모국 방문을 환영했다. 미국의 로널드 레이건 대통령은 요한 바오로 2세의 존재 자체가 소련의 아킬레스 건이 될 것이라고 전망했다.

이 변화의 물결은 1980년 폴란드에서 본격화됐다. 1980년 폴란드에서는 공산주의 압제에 도전하는 국민적인 시위가 발생했다. 이 시위는 대형 조선소가 위치하고 있는 폴란드 경제 중심 도시 그단스크의 부둣가에서 불붙었다. 시위를 이끈 인물은 전기기술자이자 부두 노동자였던 레흐 바웬사였다. 그는 노동개혁, 표현의 자유와 인권 신장 문제를 정면으로 제기했다. 이 시위는 전국으로 확산됐다. 폴란드 노동당은 이를 막기 위해 그단스크 협정을 맺어야 했다. 그단스크 협정의 골자는 노동자들이 노동조합을 결성할 수 있다는 것이었다. 동구권에서 최초로 노동조합 결성의 자유가 인정되는 순간이었다. 바웬사는 폴란드 자유노조를 조직했다. 그 노동조합의 이름은 '솔리다르노시치Solidarność'였다. 이름 자체로 '연대'를 의미했다. 폴란드의 모든 노동자들은 자유를 외쳤다. 이 함성은 거리는 물론 축구장에서도 메아리 쳤다.

폴란드 축구 국가대표팀도 이런 사회 분위기에서 자유로울 수는 없었다. 1982년 월드컵 예선전에서 폴란드의 몇몇 선수들은 항명 사건을 주도했다. 대표팀 소집 시간에 골키퍼가 술에 취한 채 나타나자 감독은 불호령을 내렸다. 다른 선수들이 이를 중재하려 했지만 상황은 최악으로 치닫고 있었다. 이 와중에 한 선수가 취재진의 카메라와 마이크를 내동댕이치는 사건까지 생겨났다.

폴란드 축구협회는 이 사건에 가담한 4명의 선수에게 출장정지 처분을 내렸고, 관리 책임을 물어 감독을 경질했다. 950만 명의 폴란드 노동자들은 자유노조를 통해 단합했지만 축구 대표팀은 분열하고 있었다. 하지만 축구 대표팀 선수들의 항명 사건 이후 폴란드 노동자들은 이 선수들을 자유를 찾기 위해 목소리를 낸 영웅처럼 생각하기 시작했다. 더욱이 1981년 12월 폴란드 정부가 계엄령을 선포하자 전 세계는 바웬사가 이끄는 자유노조에 동정 어린 관심을 보내며 그들의 투쟁을 응원했다.

폴란드는 1982년 월드컵 1차 조별리그에서 1위를 차지해 2차 조별리그에 진출했다. 폴란드는 벨기에와의 경기에서 3-0의 승리를 거뒀다. 월드컵 직전 이탈리아 명문 클럽 유벤투스로 이적했던 즈비그니에프 보니에크는 이 경기에서 해트트릭을 기록했다. 다음 경기는 숙적 소련이었다. 폴란드 자유노조 회원들은 소련과의 경기에 깊은 관심을 보였다. 폴란드에게서 자유를 앗아간 국가가 바로 소련이었기 때문이다. 하지만 또 다른 이유도 있었다. 국토가 대부분 평원으로 이뤄진 폴란드는 역사적으로 외세의 침입을 자주 받았는데, 그 주요 국가 중 하나가 소련이었던 것이다.

소련과의 경기가 펼쳐지는 캄프 누 스타디움에는 폴란드 자유노조 깃발이 나부끼고 있었다. 15m나 되는 폴란드 자유노조 로고가 새겨진 배너도 양쪽 골대 뒤의 관중석에 설치됐다. 캄프 누 스타디움을 메운 팬들은 자유노조와 폴란드 축구를 열렬히 응원했다. 자유노조 깃발과 배너에 화들짝 놀란 폴란드 국영 방송은 이 장면이 폴란드 국민들에게 TV 중계방송을 통해 전달되지 않기 위해 꼼수를 생각해냈다. 방송사는 카메라가 깃발이나 배너를 비출 때마다 미리 녹화해 놓은 다른 관중석 영상을 활용했다. 하지만 월드컵 중계 화면에 자유노조의 로고가 너무나 자주 노출되자 이를 포기해야 했다.

폴란드와 소련의 경기가 열린 캄프 누 스타디움은 스페인 프랑코 독재정부에 대한 저항의 상징FC 바르셀로나의 홈구장이었다. 바르셀로나가 중심 도시인 카탈루냐 지방은 프랑코 독재 시절 그들의 깃발과 언어를 스페인 정부에 빼앗긴 바 있었다. 자연스럽게 당시 캄프 누 스타디움은 사실상 바르셀로나 사람들이 자유를 외칠 수 있는 유일한 공간이었고, 일종의 광장이었다. 프랑코의 40년 가까운 독재는 1982년 월드컵이 펼쳐지기 7년 전에야 막을 내렸다. 바르셀로나 팬들은 그들이 과거 독재시절 겪었던 상황과 폴란드 국민들이 마주하고 있는 상황을 동일하게 생각했다.

이 경기에서 폴란드는 소련과 0-0 무승부를 기록했다. 하지만 자유노조를 전 세계에 알린 폴란드가 승리한 것이나 마찬가지라는 평가가 지배적이었다. 그래서 한 언론에서는 폴란드 자유노조가 소련 공산주의를 상대로 1-0의 승리를 거뒀다는 표현까지 썼다. 소련의 철의 장막을 걷고 준결승에 진출한 폴란드는 이탈리아에 무릎을 꿇었다. 하지만 이 대회에서 보여준 폴란드 축구와 자유노조의 정신은 1990년 바웬사가 폴란드의 대통령이 될 수 있는 토대가 됐다. 훗날, 동구권의 몰락과 냉전 종식의 흐름이 바로 1982년 스페인 월드컵에서부터 시작됐다는 평가를 내리는 사람들도 생겨날 정도로 큰 의미가 부여된 대회였다.

14

**티키타카와 ──────
게겐 프레싱의 ──────
서막을 연 ──────
1990년 월드컵 ──────**

축구 경기에서 프레싱 게임이라는 표현은 '압박축구'가 대세였던 1990년 이탈리아 월드컵 때 대중화됐다. 서독^{독일}의 우승으로 막을 내린 1990년 월드컵은 공격축구가 실종된 재미없는 월드컵이었다. 지금까지도 월드컵 역사상 최저의 기록으로 남아 있는, 1990년 이탈리아 월드컵의 경기당 평균 득점은 2.2골이었다. 서독과 아르헨티나의 월드컵 결승전에서도 안드레아스 브레메의 페널티 킥 한 골만 골망을 흔들었을 뿐이었다. 참 여러모로 재미없는 월드컵이었다. 이 대회에 굳이 의미를 하나 부여하자면 서독의 우승이 독일 통일을 위한 축포였다는 것 정도다.

흥미롭게도 이탈리아 명문 클럽 AC 밀란에서 싹튼 프레싱 게임이 이탈리아에서 펼쳐진 월드컵에서 크게 유행했기 때문에 벌어진 일이었다. 1987년 AC 밀란의 지휘봉을 잡은 아리고 사키 감독은 수비라인과 공격라인의 간격을 25m가 넘지 않게 유지하는 것을 최우선 목표로 삼았다. 자연스럽게 수비라인의 위치는 중앙선에 가까워졌고 상대 팀이 공격 작업을 할 만한 공간은 제한됐다. 사키는 공을 가지고 있는 상대 선수에게 최대한 빨리 수비수가 접근하도록 선수들을 다그쳤고 AC 밀란은 이를 완벽하게 구현했다. 상대방으로부터 공을 뺏는 순간부터 빠른 역습이 날카롭게 전개됐다. 아리고 사키의 프레싱 게임은 낭만적인 공격축구의 시대는 가고 효율적인 역습축구의 시대가 왔음을 여실히 보여줬다.

21세기 들어 프레싱 게임은 게겐 프레싱Counter pressing으로 진화했다. 게겐 프레싱은 단순하게 설명하면 상대방 골대와 최대한 가까운 지점에서 공을 빼앗아오는 전략이다. 다시 말해 상대 공격이 시작하는 시점부터 압박하는 전술이다. 보통 게겐 프레싱을 활용하는 팀은 공을 가지고 있는 상대 선수 주변을 선수들이 빠르게 둘러 싸서 공격권을 가져온다. 게겐 프레싱이 프레싱 게임과 결정적으로 다른 이유는 10명의 필드 플레이어가 모두 공격적인 프레싱 게임을 한다는 점이다. 프레싱 게임은 필드 플레이어 전체라기보다는 상대 선수 압박에 특화된 일부 선수가 이 역할을 소화하는 경우가 일반적이었다.

프레싱 게임과 게겐 프레싱 전술의 더욱 큰 차이는 공간에 대한 재해석에 있다. 프레싱 게임은 공격과 수비라인을 최대한 줄여 이 공간을 마치 물고기를 잡는 그물처럼 활용하는 방식이다. 하지만 게겐 프레싱은 이를 확대 발전시켰다. 종적인 공간은 물론이고 좌우 터치라인 사이에 있는 횡적인 공간에서도 최대한 상대 선수에 가깝게 접근해 공을 빼앗는다. 10명의 선수가 상대 공격이 시작하는 지점에서부터 그것도 모든 그라운드에서 압박을 전개하는 게겐 프레싱은 가장 적극적인 수비전술이자 공격전술이다.

그래서 게겐 프레싱의 창시자인 위르겐 클롭의 축구를 '헤비 메탈 축구'라고 부른다. 게겐 프레싱이 세상에 빛을 보기 이전 유럽 축구의 대세였던 패싱 축구가 마치 오케스트라 단원들의 정련된 합주였다면 경기장 곳곳에서 우당 탕탕 대소동을 만드는 그의 게겐 프레싱은 헤비메탈 음악에 가깝기 때문이다.

이렇게 보면 21세기의 대표적 축구 전술인 점유율을 중시하는 패스 축구와 게겐 프레싱은 대척점에 놓여 있는 것 같다. 하지만 클롭 감독이 도르트문트에서 게겐 프레싱을 고안해내는 과정에 가장 큰 영향을 미친 게 패스 축구의 정수로 평가되는 바르셀로나의 티키타카다. 세계 최고 수준의 축구 리그인 프리메라리가를 갖고 있지만 월드컵에서는 늘 기대 이하의 성적을 기록했던 스페인을 2010년 월드컵 우승으로 인도한 티키타카 축구는 전 세계 축구 팬들에게 공 점유율의 중요성을 일깨워줬다.

하지만 클롭은 펩 과르디올라 감독이 고안한 바르셀로나의 티키타카의 성공 요인을 보통 사람들처럼 차비와 이니에스타의 패싱 기술에서 찾지 않았다. 그는 바르셀로나의 점유율 축구가 세계를 지배한 이유를 적극적인 프레싱으로 봤다. 실제로 바르셀로나는 공격 소유권을 잃었을 때 빠른 시간 안에 공격권을 다시 얻기 위해 모든 선수가 압박을 했다. 클롭 감독은 이렇게 표현했다.

> "바르셀로나 선수들은 내일이 없는 것처럼 상대를 압박했다. 바르셀로나를 보면, 마치 축구 경기에서 가장 즐거운 순간은 상대 팀이 공을 가지고 있을 때인 듯했다."

그렇다면 왜 바르셀로나는 이렇게 적극적인 압박을 해야 했을까? 바르셀로나는 공 소유권을 놓치면 안 되는 팀이었다. 과르디올라 감독은 "공을 소유하지 않았을 때 우리는 그저 그런 팀이다. 그래서 우리는 공을 빨리 되찾아오는 게 필요하다"라고 늘 역설했다. 바르셀로나 점유율 축구의 성공 비결은 어쩌면 공을 빼앗겼을 때 이뤄지는 빠른 압박이었던 셈이다.

클롭은 과르디올라의 압박 전술을 유심히 살폈다. 바르셀로나 선수들은 상대방의 공을 뺏기 위해 한 선수가 접근하고 나머지 선수들은 상대가 패스할 수 있는 각도를 막는 방식의 프레싱을 주로 한다는 사실을 발견했다. 선수들의 체력 안배를 위해 고도로 계산된 프레싱이었다. 하지만 클롭은 이 방식을 바꿨다. 그는 더 많은 선수들이 공을 가지고 있는 상대방을 에워싸며 위협적인 수비를 펼치기를 바랐다. 여기에 공 점유율에 대한 욕심까지 버렸다. 패스로 공을 돌리면서 전열을 정비하여 공격을 전개하는 바르셀로나의 티키타카는 도르트문트에 어울리지 않았기 때문이다.

클럽은 7년간 도르트문트를 이끌며 분데스리가 우승 2회, 준우승 2회, 챔피언스리그 준우승 1회 등 놀라운 결과를 남겼다.

15

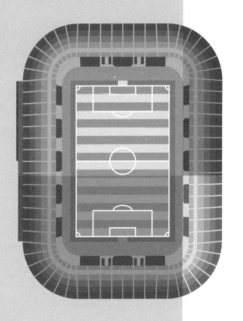

헝가리 전설 ————
푸슈카시와 ————
한국, 손흥민의 ————
연결고리 ————

한국 대표팀은 월드컵 본선에서 전설적인 축구 스타들과 격돌한 적이 많았다. 1986년 멕시코 월드컵에서 한국은 우승후보 아르헨티나와 경기를 치렀다. 한국은 이 경기에서 월드컵 본선 역사상 최초의 골을 기록했다. 하지만 아르헨티나를 상대하기에는 역부족이었고 3-1로 패배했다. 아르헨티나의 중심 선수는 단연 디에고 마라도나였다. 해외 언론에서는 마라도나를 막느라 한국이 태권도, 가라테, 쿵후 같은 무술에서 볼 법한 몸을 던지는 거친 수비를 했다고 평가하기도 했다.

한국과 일본이 공동 개최한 2002년 월드컵에서 한국은 루이스 피구포르투갈, 파울로 말디니이탈리아, 카를레스 푸욜스페인, 미하엘 발락독일 등의 세계 최고 축구 스타들과도 만났다. 피구는 한국과의 조별리그 경기에서 매우 지쳐 있었다. 피구는 월드컵이 펼쳐지기 전 소속팀 레알 마드리드는 챔피언스리그 우승으로 이끌었지만 정작 월드컵 본선에서는 제 기량을 발휘하지 못했다. 한국은 16강전에서 이탈리아를 제압하며 기적의 드라마를 썼다. 안정환의 골든골이 이탈리아의 골네트를 흔드는 순간 머리를 감싸 쥐며 고통스러운 표정을 하고 있던 수비수 말디니의 모습이 20년이 지났지만 아직도 눈에 선하다.

한국은 1954년 스위스 월드컵에 처음으로 본선 진출에 성공했다. 이제 막 한국전쟁의 참화에서 벗어나려고 하던 그 어려운 시기 한국 축구는 세계 무대로 진출했던 셈이었다. 하지만 아직 월드컵이라는 대회에 대해 잘 알고 있는 국민들은 별로 없었다. 다만 예선전에서 한국이 일본을 제압했다는 사실만은 중요했다. 그러나 전반적으로 월드컵에 대한 대중의 관심은 적었고, 지금처럼 본선에서 한국이 어떤 활약을 할지 큰 기대를 하는 사람도 드물었다. 월드컵 보다는 먹고 사는 문제가 훨씬 더 중요한 시대였기 때문이다.

어려운 경제사정 때문에 국가대표 선수들에게 제대로 된 지원도 할 수 없었다. 대표팀은 미군 전용기를 타고 48시간을 비행해 스위스로 가야 했다. 미군 전용기는 편안하게 앉아서 갈 수 있는 좌석이 없었다. 바닥에 주저앉아, 그나마도 다리를 쳐든 채 48시간을 보내야 했다. 선수들은 이미 지칠 대로 지쳐 있었다. 근육의 피로도도 최악의 상황이었다. 그나마도 한국은 월드컵 본선 첫 경기가 펼쳐지기 10시간 전에야 스위스에 도착했다. 하루 24시간, 한나절 12시간도 안 되는 시간, 10시간이었다. 대회 개최지에 미리 도착해 시차적응과 컨디션 관리를 할 여유는 없었다. 어쩌면 당시 한국 대표팀은 경기에 나서기 전 모든 에너지가 고갈된 상태였다. 대표팀 골키퍼로 활약했던 홍덕영도 경기 전에 이미 선수들은 파김치가 되어 버렸다고 회고했다.

한국은 첫 경기에서 헝가리와 만났다. 한국 대표팀의 주장 주영광은 킥오프 전 헝가리 주장과 활짝 웃으며 악수를 했다. 하지만 표정만 웃고 있을 뿐, 긴장과 걱정이 가득했을 것이다. 경기는 일방적이었다. 헝가리는 전반에만 4골을 몰아쳤다. 후반전에는 5골을 추가해 9-0의 승리를 거뒀다. 헝가리 선수들과 특별한 신체접촉이 없었는데도 한국 선수들은 차례로 그라운드에 쓰러졌다. 골키퍼 홍덕영은 수십 개의 슈팅을 막아내야 했다. 헝가리 선수들의 강한 슈팅 때문에 홍덕영의 가슴과 배는 만신창이가 됐다. 반면 헝가리의 골키퍼는 공을 잡아 볼 기회가 거의 없었다. 그는 골문 앞에서 혼자 나들이를 나온 사람처럼 빈둥거렸다.

세계 최강 팀으로 평가됐던 우승후보 헝가리는 한국과의 경기가 중요하지 않았다. 그들에게 한국은 그저 진짜 월드컵 경기를 위한 '스파링 파트너'에 불과했다. 그래서 신인급 선수들이 한국전에 대거 출장했다. 이들에게 신기한 것은 지친 한국 선수들이 경기장에 드러눕는 것이었다. 흔히 중동 팀이 경기 후반 앞서고 있을 때 고의적으로 드러눕는 이른바 '침대축구'가 아니었다. 한국 선수들은 전반 10분까지는 수비에 집중하며 헝가리의 공격을 막아냈지만 이후에는 그라운드 위에 서 있을 힘조차 없었다.

헝가리 선수들은 한국 선수들이 얼마나 힘든 여정 끝에 스위스에 도착해 첫 경기에 가까스로 나설 수 있었는지 알지 못했다. 그래서 그들에게 남아 있는 한국 축구에 대한 인상은 너무도 약한 체력을 가진 팀이었다. 하지만 한국은 사실 체력이 강한 팀이었다. 적어도 일본과의 예선 경기에서 보여준 한국의 주력과 체력은 경외의 대상이었다. 월드컵 본선 진출을 확정 지은 뒤 한국의 주영광은 한국전쟁 동안 피난을 떠나야 했던 한국인들의 다리는 더 강해졌다는 눈물겨운 농담까지 했다.

체력 문제를 떠나 한국과 첫 경기에서 맞붙은 헝가리는 다른 차원의 능력을 보유한 팀이었다. 그 중심에는 당대 최고의 축구 선수 페렌츠 푸슈카시가 있었다. 푸슈카시는 1950~60년대 최고의 공격수였다. 그는 1952년 헬싱키 올림픽에서 헝가리의 금메달을 이끌었으며 이듬 해에는 안방에서는 패배한 적이 없다는 잉글랜드 축구를 침몰시킨 주인공이었다. 잉글랜드 축구의 성지聖地인 웸블리 구장을 가득 메운 축구 팬들은 헝가리 선수들의 환상적인 플레이에 아연실색했다. 잉글랜드마저 제압한 헝가리는 1954년 월드컵 우승 후보 1순위였다.

하지만 푸슈카시는 서독과의 경기에서 왼쪽 발목 부상을 당했다. 왼발을 잘 쓰는 푸슈카시에게는 치명적인 부상이었다. 물론

이 경기에서도 헝가리는 승리를 거뒀지만 서독은 전략적으로 전력을 숨기고 경기에 임했다. 결국 결승전에서 다시 만난 서독은 헝가리에 역전승을 거뒀다. '공은 둥글다'라는 명언을 남긴 서독의 제프 헤어버거 감독의 지략이었다.

서독의 스포츠 용품 제조사 아디다스는 대표팀을 위해 스터드 교체가 가능한 축구화를 개발해 제공했고, 이는 비가 왔던 결승전에 서독 팀이 마지막 순간까지 활기찬 플레이를 하는 데 결정적 역할을 했다. 반대로 자만심에 빠져 있었던 헝가리는 이 대회 월드컵 준우승 이후 내리막길을 걷게 됐다. 그리고 1956년 스탈린주의자들의 공포 정치에 반대하는 민중봉기가 헝가리에서 일어났다. 하지만 소련은 무력을 앞세워 헝가리에 친소 정권을 세웠고, 이 혼란기에 헝가리 축구의 황금세대들은 서유럽으로 떠났다.

최고 스타 푸슈카시는 스페인으로 건너가 세계 최강의 클럽 레알 마드리드의 전설적인 선수가 됐다. 특히 1960년 유러피언 컵UEFA 챔피언스리그의 전신 결승전에서 프랑크푸르트를 상대로 넣은 4골은 푸슈카시 축구 인생의 정점이었다. 왼발 슈팅이 너무 강력해 스페인 팬들로부터 '캐논시토Canoncito; 작은 대포'로 불렸던 푸슈카시는 훗날 스페인 국가대표팀의 일원으로 1962년 월드컵에

또 한 번 출전했다. 스페인은 브라질, 체코슬로바키아, 멕시코와 같은 그룹에 편성됐다. 하지만 스페인은 체코와 브라질에 패했다. 당시 35세의 노장이 된 푸슈카시는 전성기의 기량을 보여주지 못했다. 반면 브라질은 가린샤와 펠레가 맹활약했고 대회 우승을 차지했다.

푸슈카시는 1966년 은퇴를 선언했다. 이후 그는 지도자로 변신해 그리스의 명문 축구 클럽 파나시나이코스의 지휘봉을 잡았다. 1971년 푸슈카시가 이끄는 파나시나이코스는 유러피언컵에서 준우승을 차지했다. 유러피언컵 결승전에서 만난 팀은 네덜란드의 아약스였다. '토털 사커' 혁명을 이뤘던 아약스는 파나시나이코스를 경기 내내 압도하며 2-0의 승리를 거뒀다. 아약스의 요한 크루이프는 특유의 '크루이프 턴'을 선보이며 관중들로부터 환호를 받았다. 축구공을 가지고 발레 무용수보다 우아한 플레이를 한다는 그의 진가가 빛난 경기였다. 푸슈카시는 유러피언컵 준우승을 정점으로 유럽, 아메리카, 아프리카, 오세아니아 등 세계 여러 대륙을 오가며 지도자 커리어를 이어가다 1993년에는 모국 헝가리 국가대표팀의 감독이 됐다. 하지만 1950년대를 주름잡았던 헝가리 축구의 전통은 이미 무너진 지 오래였고 그 역시 별다른 성과를 이루지 못했다.

푸슈카시는 한동안 세계 축구계에서 잊힌 이름이 되어 사람들의 기억에서 사라지는 듯했다. 하지만 지난 2009년 FIFA국제축구연맹가 한 해 동안 가장 뛰어난 골을 기록한 선수에게 수여하는 '푸슈카시 상The FIFA Puskás Award'을 제정하면서 그에 대한 관심이 다시 높아졌다. 키가 172cm에 불과하고 통통한 몸매의 땅딸보였던 푸슈카시는 A매치 84경기에 출전해 83골을 넣은 골잡이였다. 그의 슈팅은 상상을 초월할 정도로 강해 골키퍼에게는 공포의 대상이었다. 푸슈카시는 어느 위치에서나 골을 넣을 수 있는 능력도 겸비한 선수였다.

푸슈카시 상의 첫 번째 주인공은 호날두포르투갈였다. 그의 뒤를 이어 네이마르브라질, 즐라탄 이브라히모비치스웨덴과 하메스 로드리게스콜롬비아 등이 푸슈카시 상의 주인공이 됐다. 무수히 많은 골들을 집어넣는 세계 최고의 공격수들이 각자 그해 터뜨린 최고의 골을 출품하며 상을 나눠 가졌다. 한국 선수가 이와 같은 상을 받는다는 건 상상하기 힘든 일이었다. 하지만 2020년 토트넘의 손흥민이 푸슈카시 상을 수상했다. 그는 번리와의 프리미어리그 경기에서 70m 단독 드리블에 이은 골을 터트려 격찬을 받았다.

골잡이로서 손흥민의 가치는 이때부터 급상승했다. 더욱이

1954년 월드컵에서 한국을 제압했던 헝가리 스타 푸슈카시의 이름을 딴 푸슈카시 상을 손흥민이 수상해 의미가 깊었다. 푸슈카시와 손흥민은 다른 유형의 선수다. 푸슈카시는 왼발만을 잘 쓰는 선수였지만 손흥민은 양 발을 모두 잘 사용한다. 푸슈카시는 손흥민처럼 주력이 빠른 선수도 아니었다. 하지만 공통점도 있다. 푸슈카시와 손흥민은 페널티 박스 외곽에서 중거리 슛 능력이 뛰어나다. 또한 푸슈카시와 손흥민은 국가대표팀의 주장 역할을 맡았다. 손흥민은 얼마 전 불의의 안면 부상을 당해 2022년 카타르 월드컵에서 기량을 온전히 발휘할 수 있을지 미지수다. 하지만 1954년 월드컵 서독과의 경기에서 부상을 당했어도 결승전에서 멋진 선제골을 터뜨린 푸슈카시처럼 손흥민도 멋지게 부활하기를 기대한다.

16

**독일 축구의 새 혁명 ──
'풋보놋' 활용한 ──
창의력 축구! ──**

독일 축구는 누가 뭐라고 해도 토너먼트의 강자다. 전력 면에서 다소 뒤지더라도 이상하게 월드컵 토너먼트 무대에 가면 힘을 발휘한다. 2002년 한일 월드컵에서도 독일이 결승전까지 진출할 것이라고 생각한 사람은 많지 않았다. 독일 축구는 이 당시 세계 축구의 유행을 선도하지 못했다. 1990년대 방식의 낡은 축구를 하고 있었다. 2002년 월드컵 예선에서도 독일은 잉글랜드에 5-1로 참패를 당했다. 독일은 이 경기 이전까지 60차례의 월드컵 지역예선에서 오직 1패만을 기록 중이었기에, 여러모로 큰 충격에 휩싸였다. 하지만 사실 독일 축구는 2년 전, 유로 2000에서부터 망신을 당했다. 조별 예선에서 단 1승도 기록하지 못하고 주저 앉았다. 독일 축구를 지칭해 '녹슨 전차'라는 얘기가 나오는 것도 무리는 아니었다.

하지만 독일 축구는 이 시기에 과감한 결정을 했다. 독일축구협회DFB는 2002년 분데스리가 1, 2부 리그 팀의 유소년 아카데미에 대한 재정 투자 활성화 개혁안을 발표했다. 하지만 이 개혁안에 대해 독일 축구 클럽들은 반발했다. 그들은 유소년 분야에 더욱 많은 투자를 할 생각이 없었다. 설상가상으로 분데스리가 중계권을 보유하고 있던 키르히 미디어가 2002년 도산했다. 영화배급 업자에서 일약 축구 중계권으로 미디어 재벌이 됐던 레오 키르히 제국이 무너지면서 분데스리가는 큰 타격을 받았다. 키르히 미디어로부터 중계권료를 받지 못한 클럽들의 적자운영은 불가피해 보였다.

독일축구협회는 클럽들을 설득했다. 유소년에 대한 투자가 결국 클럽 운영비에 가장 큰 부분을 차지하는 선수 연봉을 낮출 수 있을 것이라는 게 요지였다. 고연봉의 선수를 스카우트하는 것보다 유소년 선수를 키우는 게 훨씬 경제적이라는 의미였다. 독일 축구 클럽들은 축구협회의 제안에 따라 유소년 아카데미 활성화 정책을 폈다. 이 정책은 2010년 결실을 맺기 시작했다. 유소년 출신 선수들의 분데스리가 진출 비율이 몰라보게 상승하면서 클럽들은 이적료 부담에서 벗어나기 시작했다. 이미 알짜 경영을 하기로 소문난 분데스리가 클럽들은 이를 계기로 더욱 효율적인 경영을 할 수 있었다.

독일축구협회와 독일프로축구리그는 2005년 외국인 선수 규정도 바꿨다. 이 때부터 분데스리가는 독일 프로축구 클럽 유스 아카데미에서 성장한 자국 선수가 일정비율 존재하면 나머지 외국인 보유 숫자에 대해 제한을 두지 않았다. 물론 이 전에도 유럽연합EU 가입국가 출신의 선수들은 유럽 내에서 외국인이 아닌 내국인의 신분으로 자유롭게 뛸 수 있었다. 하지만 EU 미가

입 국가의 선수들은 분데스리가에서 외국인으로 분류됐었다. 분데스리가가 외국인 선수에게 포용적인 방향으로 제도를 바꾸자 EU에 가입하지 못했던 중부 유럽이나 동구권 국가 출신의 실력 있는 유망주들이 더욱 많이 모여 들었다. 이들은 이적료가 그리 비싼 편이 아니었지만 뛰어난 경기력을 갖춘 선수들이 많았다.

선수연봉 절감을 통한 분데스리가 클럽들의 효율적 경영은 유로화 통합 이후 초호황을 누렸던 독일 제조업과 닮아 있었다. 유로화 통합은 동독과의 통일 이후 휘청거렸던 독일 경제에는 축복이었다. 마르크화보다 가치가 낮았던 유로화는 독일 제조업의 수출에 유리했기 때문이었다. 독일 기업들은 비용절감을 위해 동구권으로 향했다. 동구권은 인건비는 물론 세금도 저렴한 편이었다. 이른바 독일 제조업의 '오프 쇼어링offshoring'은 특히 자동차 분야에서 두드러졌다. 곧 독일 자동차 산업은 제2의 전성기를 누렸다. 2000년대 독일 기업이 생산한 75%의 자동차가 해외로 수출될 정도로 호황이었다.

독일 사회는 효율의 시대로 나아가고 있었다. 2002년부터 추진된 하르츠 개혁도 이와 맥이 닿아있었다. 하르츠 개혁은 노동 유연화 정책이었다. 한 마디로 통독 이후 높아졌던 실업률을 줄이기 위해 비정규직과 임시직 일자리를 늘리는 것이었다. 소규모의 소득을 올릴 수 있는 일자리가 확충되면서 독일은 경제위기에서 벗어났다. 물론 부작용도 있었다. 하르츠 개혁으로 소득 양극화라는 문제가 발생했기 때문이었다. 금속노동자의 아들로 태어나 폴크스바겐의 인적관리 담당 이사였던 페터 하르츠의 아이디어에서 출발한 하르츠 개혁이 독일 국민들의 삶의 질을 저하시켰다는 비난도 함께 나왔다. 하지만 하르츠 개혁은 11%까지 치솟아 독일 사회의 골칫거리였던 실업률을 현저하게 낮추는 데 결정적 공헌을 한 것만은 분명했다.

이 사이 독일 축구 국가대표팀에서도 변화가 일어났다. 2006년 월드컵에서 독일 대표팀 감독을 맡았던 위르겐 클린스만은 미국 캘리포니아에 살면서 대표팀을 지휘했다. 클린스만 감독이 미국과 독일을 오가며 대표팀을 이끌자 독일에서는 우려의 목소리가 나왔다. 한 번도 경험해 보지 못한 방식이었기 때문이다. 하지만 클린스만은 마치 기업의 경영진 회의와 같은 모델을 대표팀 선수단에 적용해 적극적으로 소통했다. 그가 강조한 부분은 빠르고 공격적인 축구를 해야 한다는 것이었다. 그가 말한 빠른 공격 전개는 이미 전 세계적인 축구 트렌드였다. 그는 이를 위해 주력과 크로스와 의존한 경기 방식보다 치밀한 패스 축구를 강조했다. 이 와중에 독일에서는 젊은 선수들의 창의적이고 자유로운 플레이가 빛을 발했고 2006년 월드컵에서 3위를 차지했다. 2006년 월드컵이 독일에서 개최됐다는 점에서 우승을 기대했던 이들에게는 다소 아쉬운 결과라는 평가도 있었지만 대체로 독일 국민들은 변화된 독일 축구에 박수를 보냈다. 그리고 독일 축구 국가대표팀은 2010년과 2014년 월드컵에 오히려 더 큰 기대를 할 수 있는 팀이라는 평가를 받았다.

독일은 2010년 월드컵에서 다시 한 번 3위를 차지했다. 그리고 4년 뒤에 브라질에서 펼쳐진 2014년 월드컵에서 대망의 우승을 거뒀다. 이 대회의 하이라이트는 독일이 준결승에서 개최국 브라질을 7-1로 제압한 것이었다. 축구 강국 브라질이 당했던 월드컵 역사상 최악의 패배였다. 독일 축구는 거침이 없었다. 기존에 가지고 있던 독일 축구의 장점인 유기적인 팀 플레이는 물론이고 개개인 선수들의 기량도 절정에 달해 있었다. 독일의 결승전 상대는 리오넬 메시가 이끄는 아르헨티나였다. 한 치 앞을 내다보기 힘든 승부는 독일 마리오 괴체의 환상적인 슈팅으로 판가름 났다. 생애 첫 월드컵 우승을 꿈꿨던 메시의 꿈을 수포로 만든 괴체의 골은 독일 축구 역사상 최고의 골 중 하나로 평가받았다.

월드컵 결승전이 끝난 뒤 괴체의 골은 '풋보놋Footbonaut' 훈련의 산물이라는 얘기가 회자됐다. 결승골의 주인공 괴체도 풋보 놋 훈련이 큰 도움이 됐다는 점을 언급했다. 풋보놋은 밀폐된 공 간에 선수가 들어가 예측하지 못한 위치에서 축구공이 나오는 상황에도 정확한 볼 터치와 킥을 할 수 있도록 특별히 고안된 기 계였다. 이 기계는 크리스티안 귀틀러에 의해 고안됐고 2012년 괴체가 뛰고 있던 독일 분데스리가 도르트문트 클럽이 유소년 및 성인 선수들의 훈련에 적용하면서 화제가 됐다. 당시 도르트 문트의 위르겐 클롭 감독은 선수들의 위기 대처 능력과 임기응 변 능력을 향상시켜 줄 것이라는 믿음 아래에서 풋보놋을 적극 활용했다.

풋보놋 훈련은 많은 볼 터치를 하지 못하는 선수들이 발생할 수밖에 없는 축구 종목의 특성을 보완하기 위해서도 효과적인 방식이었다. 풋보놋을 통해 도르트문트는 유소년 선수 1명이 1 년에 5,000회의 볼 터치를 할 수 있는 기회를 제공했다. 도르트 문트 시절부터 풋보놋 훈련의 달인이었던 괴체는 월드컵 결승 전에서 정교한 가슴 트래핑에 이어지는 발리 슛으로 아르헨티나 골네트를 흔들 수 있었다. 괴체 뿐만 아니라 독일 대표팀 다수의 선수들은 풋보놋을 통해 어느 곳에서 공이 와도 당황하지 않고 이를 동료에게 패스하거나 슛을 할 수 있는 감각을 익힐 수 있었다. 독일어로 골은 '토어Tor'다. 토어는 문門이라는 의미도 가지고 있다. 그래서 2014년 월드컵 결승전에서 괴체가 성공시킨 한 골은 무미 건조했던 독일 '로봇 축구'가 풋보놋을 통한 '창의적 축구'로 변신하는 마법의 문이나 다름없었다.

17

남미 축구의
기나긴
월드컵 우승 가뭄

2022년 여름 지구 온난화에 따른 기후변화로 유럽 대륙에서는 가뭄이 기승을 부렸다. 라인강의 수면이 낮아져 선박을 통한 물류 운송이 중단됐으며 각종 농작물의 성장에도 악영향을 미쳤다. 하지만 축구에 죽고 사는 남미 대륙은 월드컵 우승 가뭄이라는 또다른 시련에 봉착해 있다. 남미 대륙에서 마지막으로 월드컵 우승을 차지한 국가는 브라질이다. 브라질은 지난 2002년 한·일 월드컵에서 우승을 차지했다. 이후 남미 국가는 월드컵에서 기대 이하의 성적을 기록했다. 전통적으로 2002년 이전까지 유럽과 남미가 월드컵 우승을 번갈아 가며 해왔던 역사에 비춰봤을 때 이 같은 남미 축구의 부진은 매우 이례적이다.

심지어 2006년 월드컵부터 2018년 월드컵까지 남미 국가는 월드컵 결승전에 단 한 번밖에 오르지 못했다. 남미에서 열린 2014년 브라질 월드컵에서 아르헨티나가 준우승, 브라질이 4강에 진출한 게 최고 성적이었다. 같은 기간 동안 유럽 국가는 4차례 펼쳐진 월드컵에서 모두 우승했다. 공교롭게도 유럽 5대 리그를 보유하고 있는 국가인 이탈리아, 스페인, 독일, 프랑스가 연거푸 월드컵 정상에 올랐다. 오직 잉글랜드만 이 대열에서 빠졌을 뿐이다. 유럽과 남미 국가의 월드컵 우승 횟수도 최근 남미 국가의 부진 때문에 12-9로 유럽이 꽤 앞서 나가기 시작했다.

왜 남미 축구에 이런 일이 생겨났을까? 남미 축구는 20세기에 유럽과 함께 세계 축구의 중심축이었다. 세계 축구계를 대표하는 선수들도 남미에서 대거 출현했다. 그런데 월드컵이 시작된 1930년부터 2014년까지의 기록을 보면, 사실 남미는 객관적 전력에 비해 월드컵 우승을 많이 차지한 편이었다. 각 국가의 A매치 성적을 상대팀의 수준과 득실 차를 고려해 지표로 만든 엘로 지수Elo rating system; 물리학자이자 체스 선수였던 아르파드 엘로Arpad Elo가 만든 지수. 1 대 1로 대결하는 게임에서 팀, 플레이어의 상대적인 실력을 계산하여 점수를 산정를 분석해 보면 1930년부터 2014년까지 남미 국가는 월드컵에서 5번 우승을 하는 게 정상이었다. 하지만 남미 국가는 이 기간 동안에 무려 9번이나 우승을 차지했다. 브라질이 5회, 아르헨티나와 우루과이가 각각 2회 월드컵 챔피언 자리에 올랐다.

2018년 8월 6일자 영국 시사 경제 주간지 「이코노미스트」는 이 원인을 행운의 바운스, 심판의 우호적인 판정과 펠레나 마라도나와 같은 선수들의 탁월한 경기력으로 꼽았다. 다른 구기 종목에 비해 우연적인 결과가 속출하기도 하는 축구의 특징을 고려하면 행운의 바운스는 가끔 경기 자체의 흐름을 바꾼다. 하지만 이 같은 행운의 바운스가 정말 남미 팀에게 더 유리하게 작용했는지 수치로 파악하기는 힘들다. 오히려 남미 축구 거인들의 상상을 초월하는 개인기가 큰 영향력을 발휘했을 것으로 추측된다. 다만 개인기가 좋은 선수들이 즐비한 남미 팀과 상대하는 팀 선수들이 태클로 이를 저지하려는 경향이 강해 심판이 자주 휘슬을 불었다는 점은 분명하다. 그런 점에서 남미 팀들에 유리한 심판판정이 월드컵에서 적지 않게 나왔다는 분석이 전혀 무리는 아니다.

이렇듯 남미 선수들의 우월한 개인기는 월드컵에서 판정을 통해 존중받았다. 그래서 남미 축구의 뛰어난 개인기에 내해 다각도의 분석이 존재했다. 가정 형편이 어려운 슬럼가에서 태어난 선수들 개개인이 축구로 성공하기 위해 엄청난 노력을 했다는 가설도 있었고, 상대적으로 유럽에 비해 이들이 딱딱하고 건조한 그라운드에서 축구를 하다 보니 더욱 개인기에 집중할 수밖에 없었다는 분석도 있었다. 인종적으로 다양한 사람들이 모여 있다는 것도 남미 축구 선수들의 기술 축구를 만드는 원동력이었다는 해석도 존재한다.

실제로 남미에는 원주민은 물론이고 다양한 유럽 혈통의 사람들과 남미에 노예로 팔려 온 아프리카 흑인들이 혼재되어 있다. 이들 사이에서 태어난 혼혈인도 매우 많을 수밖에 없는 구조였다. 브라질은 특히 인종적 다양성에서 다른 남미 축구 강국인 우

세계사를 바꾼 월드컵

루과이나 아르헨티나와 구별된다. 브라질에는 초기부터 흑인 선수들은 물론 흑인과 백인의 혼혈인 물라토 선수들이 많았다. 브라질 전체 인구 가운데 20% 정도를 점유하고 있는 물라토는 브라질 축구 대표팀의 중요한 자원이었다. 브라질에서 커피와 사탕수수 농업이 번성하던 시기 흑인 노예들은 상상을 초월할 정도로 많았고 이들의 후손은 브라질 축구의 밑거름이 된 셈이었다. 커피 무역항 산투스에서 브라질 축구 황금시대가 열린 것도 우연이 아니었다. 가난한 사람들에게 많은 일자리가 제공됐던 산투스에는 흑인과 물라토들이 몰려 들었고 산투스 FC는 펠레를 비롯해 다수의 브라질 축구 국가대표 선수를 배출했다.

  하지만 월드컵 정상에 오른다는 것은 축구 황금세대만 있다고 되는 것은 아니다. 치밀한 월드컵 준비 과정과 이를 뒷받침할 수 있는 과학의 힘이 필요하다. 브라질의 축구 전성기가 열렸던 1950~60년대에 브라질의 축구 과학은 유럽에 앞서 있었다. 브라질의 축구 코치들은 모두 체육교육학 과정을 이수한 사람들이 도맡아 했다. 피지컬 트레이너의 경우도 마찬가지였다. 브라질 의사가 축구 클럽에서 일을 하려면 2년간 스포츠 의학 과정을 이수해야 가능했다. 결국 스포츠 과학에 대해 이해도가 높은 브라질 축구 지도자들은 선수들의 음주와 여성과의 스캔들이 얼마나 축구 경기력에 악영향을 주는지 잘 알고 있었고 이와 같은 문제를 관리하기 시작했다. 브라질 축구는 이런 배경 속에서 1958년, 1962년, 1970년 월드컵 우승을 차지했다. 4개의 대회에서 3번이나 우승을 달성한 것이다. 축구는 브라질이란 공식도 이 때 생겨났다.

또다른 남미의 축구 강국 아르헨티나는 1978년 첫 월드컵 우승을 거머쥐었다. 이 우승은 아르헨티나 세자르 메노티 감독의 축구에 대한 새로운 접근 방식의 산물이기도 했다. 메노티 감독은 드리블과 숏 패스 능력을 중시하는 아르헨티나 축구에 체력 훈련과 조직적인 수비를 가미했다. 그는 아르헨티나가 공격축구만으로는 월드컵에서 유럽을 넘기 어렵다고 봤고, 결국 이 접근이 대성공을 거뒀다.

1986년 찾아온 아르헨티나의 두 번째 월드컵 우승도 이 같은 맥락에서 이해해야 한다. 1986년 월드컵은 마라도나의 대회로 알려져 있다. 하지만 당시 아르헨티나는 개인기술의 팀이 아니라 단단하게 연결돼 있는 조직적인 팀이었다. 사실 1986년 대회의 아르헨티나 대표팀은 3~4명의 선수를 제외하면 '월드 클래스'에 못 미치는 평범한 선수들이 많았다. 대부분의 선수들은 잘 훈련된 하나의 부속품이었다. 아르헨티나의 빌라르도 감독은 아름답고 낭만적인 기존의 아르헨티나 축구보다 승리를 거두기 위한 효율적이면서도 거친 축구 스타일을 선호했다. 이는 아르헨티나가 월드컵 본선 7경기에서 5골만을 내주며 우승을 차지할 수 있는 원동력이었다.

1990년대를 거치면서 대거 유럽 리그로 건너간 남미 축구 선수들은 '유럽화'됐다. 동시에, 남미 축구 선수들과 클럽에서 한솥밥을 먹게 된 유럽 선수들은 남미 선수들의 특성을 체험할 수 있는 기회를 얻었고 그들의 장점을 흡수하기 시작했다. 당연히 기술의 남미 축구와 힘의 유럽축구라는 이분법은 이제 더 이상 유용한 구분법이 아니었다. 남미 축구는 과거에 비해 훨씬 더 체력적인 측면을 강조하기 시작했고 유럽 축구는 기존의 조직력에 개인 기술이라는 측면이 유소년 프로그램 등을 통해 더욱 강조됐다.

남미 축구의 두 기둥인 브라질과 아르헨티나는 2000년대 이후에도 여전히 월드컵의 강자이기는 했다. 하지만 최근 월드컵에서 두 국가는 결정적인 순간마다 운이 따르지 않았다. 아르헨티나는 2014년 월드컵 결승에서 독일에 비해 골을 기대할 수 있는 '기대득점Expected Goals' 수치가 높았다. 하지만 아르헨티나는 그 기회를 살리지 못했고 우승은 독일에게 돌아갔다. 2018년 월드컵에서 브라질은 1997년 이래 엘로 지수가 가장 높아 우승에 대한 기대감이 꽤 높았다. 벨기에와의 8강전에서도 브라질은 기대 득점 수치가 벨기에보다 높아 정상적인 상황이라면 승리가 예측됐다. 하지만 결과는 데이터 분석과 일치하지 않았다.

물론 이 같은 결과는 단순히 불운으로만 치부할 수 없다. 러시아에서 펼쳐진 2018년 월드컵 참가국 가운데 브라질과 아르헨티나는 선수 평균연령이 가장 높은 참가국이었다. 월드컵에서 좋은 성적을 내려면 체력적 준비가 매우 중요하다. 특히 21세기 축구의 화두인 높은 강도의 압박 수비와 여기에서 벗어나기 위한 빠른 공격 전개를 위해서는 그 어느 때보다 체력이 절실하다. 그런 면에서 브라질과 아르헨티나는 특히 16강 토너먼트 이후에 수비에서 약점이 드러났고 유럽 팀들은 이 빈틈을 놓치지 않았다.

남미 선수들이 갖는 심리적인 부담도 남미 국가의 월드컵 우승 가뭄에 영향을 미치고 있다는 주장이 제기되고 있다. 브라질과 아르헨티나 국민들은 월드컵 때마다 자국 팀이 우승을 차지할 것이라는 큰 기대감을 가지고 있다. 월드컵 강국 브라질은 과거의 영광 때문에 브라질 축구에는 특별한 재능이 내재되어 있다는 환상에 가까운 신뢰와 기대가 존재한다. 아르헨티나도 비숫하다. 하지만 안타깝게도 과거의 성적이 현재의 결과를 만들어내지는 못한다. 특히 4년마다 펼쳐지는 월드컵에서는 이런 경향이 짙게 나타나고 있다.

유럽 리그로의 이적을 통해 짭짤한 수익을 남겼던 남미 클럽들이 최근에는 선수 이적 시장에서 큰 재미를 못 보고 있는 것도 남미 대표팀에 긍정적인 부분은 아니다. 남미 클럽들의 수익 구조가 더욱 악화되면서 유소년 프로그램에 재정을 투자할 여력이 점점 줄어든다는 점에서 특히 그렇다. 2015년~2019년까지 유럽 축구 이적료 1위~100위에 해당되는 선수는 남미 출신이 19%를 차지했다. 하지만 이들은 대부분 일찌감치 유럽 클럽에서 자리잡은 선수였다. 결국 남미 선수들의 이적을 통해 이적료를 두둑하게 챙긴 클럽은 유럽 클럽이었다. 2015년~2019년 사이에 남미 클럽에서 유럽으로 건너온 21세 이하의 선수들의 비중은 37%나 됐다. 과거 그 어느 때보다 남미 축구 유망주들은 어린 나이에 유럽 무대에 진출하고 있는 셈이다. 이들이 전성기의 기량을 얻을 때에 막대한 이적료가 발생하는 계약이 성사되는데 이 혜택은 사실상 유럽 클럽들이 모두 차지하고 있다.

FIFA는 2000년 스페인 클럽 바르셀로나가 당시 13세였던 축구 신동 리오넬 메시와 계약을 체결한 뒤, 외국 선수에 대한 이적 계약 연령을 18세로 못박았다. 자본력이 있는 유럽을 제외한 각 대륙의 자국 리그를 보호하기 위한 조치였다. 하지만 유럽 클럽들은 아무렇지 않게 이 규정의 빈틈을 파고 들었다. 2008년 이탈리아의 인테르나치오날레는 브라질 바스쿠 다가마에서 뛰고 있던 16세 공격수 쿠티뉴를 영입했다. 이 자체만 놓고 보면 규정 위반에 해당했다. 하지만 인테르나치오날레는 이 계약 이후 곧바로 쿠티뉴를 원 소속구단인 바스쿠 다가마에 임대했다. 2년이 지난 뒤 인테르나치오날레로 데려와야 FIFA 규정에 저촉되지 않기 때문이었다.

유럽에 가장 많은 축구 유망주를 '수출'하는 브라질 클럽들은 지난 2017년 경영위기에 직면했다. 1부리그 20개 클럽 가운데 9개 클럽이 적자였다. 당장의 적자를 메우기 위해 이 클럽들은 유망주를 유럽으로 헐값에 넘기는 경우가 많아졌다. 이런 상황은 아르헨티나에서도 발생하고 있다. 구단의 재정악화로 인해 각 클럽 유스 팀 코치의 퀄리티가 떨어지고 있다는 분석도 나왔다. 브라질과 아르헨티나가 유소년 유망주 육성에 어려움을 겪고 있는 동안 우루과이는 유소년 축구 강국으로 부상했다.

비밀은 '베이비 풋볼' 열풍이었다. 베이비 풋볼은 원래 존재했던 유소년 리그이지만 우루과이가 2010년 월드컵에서 4강에 오른 뒤 치열한 경쟁체제가 확립됐다. 베이비 풋볼 리그에 참가하는 우루과이 유소년 클럽은 전국에 600개가 넘고 여기에서 7만 명 정도 되는 축구 소년들이 훈련과 경기를 펼친다. 4세~13세까지의 어린 선수들은 루이스 수아레즈, 에딘손 카바니 같은 스타가 되기 위해 땀을 흘린다. 이들을 보기 위해 우루과이 프로 축구 클럽의 관계자들은 전국을 돌며 '옥석 가리기'를 하고 있다. 이런 분위기 속에서 리버풀의 다윈 누네스, 레알 마드리드의 페데리코 발베르데와 같은 젊고 재능 있는 선수들이 탄생할 수 있었다.

남미 선수들이 보유하고 있는 재능과 잠재력은 여전히 뛰어나다. 결코 유럽에 뒤지지 않는다. 하지만 남미의 월드컵 우승가뭄이 해갈되려면 무엇보다 대표팀의 수비력과 체력이 뒷받침되어야 한다. 이를 위해서는 체계적인 월드컵 준비가 이뤄져야 한다. 여기에 행운이 더해진다면 2022년 카타르 월드컵에서도 주인공이 될 수 있다. 흥미롭게도 브라질은 월드컵이 새로운 대륙에서 개최될 때 자주 우승을 차지했다. 월드컵이 최초로 북미에서 열렸던 1994년 미국 월드컵과 아시아에서 개최된 2002년 한일 월드컵에서 브라질은 우승을 차지했다. 다만 2010년 남아프리카공화국 월드컵에서는 8강 진출에 그쳤다. 사상 최초로 중동 지역에서, 그것도 겨울철에 개최되는 카타르 월드컵에서 브라질을 비롯한 남미 국가들이 어떤 결과를 얻을지 궁금하다. 이번에도 우승을 차지하지 못한다면 이웃 북중미에서 열리는 다음 월드컵까지 4년을 더 별러야 한다.

18

전쟁으로 인한 —————
러시아의 탈락과 —————
우크라이나의 석패 —————

　　2022년 카타르 월드컵이 열리기 몇 달 전, 축구를 좋아하는 웨일스인 친구를 한국에서 만났다. 거의 15년 만에 만난 자리에서 그는 대뜸 이런 얘기를 꺼냈다. "웨일스가 64년 만에 월드컵 본선에 진출해 너무 기뻤는데, 우리가 마치 공공의 적이 된 것 같아 맘껏 기뻐할 수가 없었다"는 말이었다. 웨일스가 유럽 지역 월드컵 예선 플레이오프에서 승리한 팀이 다름 아닌 우크라이나였기 때문이다. 러시아 침공에 맞선 우크라이나의 결사항전 의지에 월드컵 본선 진출이 큰 힘을 됐을 텐데 그렇게 되지 못한 것에 안타까운 시선을 보내는 이들이 많다는 의미였다. 우크라이나는 웨일스와의 경기에서 1-0으로 석패해 본선 진출해 실패했지만, 전 세계 축구 팬들은 전쟁 중임에도 최후의 순간까지 최선을 다했던 우크라이나에 박수를 보냈다.

　　우크라이나는 지난 2006년 독일 월드컵에서 세계최고 수준의 스트라이커 안드리 셰브첸코를 앞세워 사상 처음으로 월드컵 본선에 올랐다. 안드리 셰브첸코 때문에 전 세계에 널리 알려졌던 그의 소속팀 디나모 키이우는 사실 냉전시대 소련 시절부터 동구권의 명문클럽이었다. 이 클럽의 전통을 만든 주인공은 축구인으로는 드물게 공학도였던 발레리 로바노프스키 감독이었다. 그는 이미 1970년대 디나모 키이우의 지휘봉을 잡고 있었을 때부터 선수들의 패스 성공률과 방향 데이터를 축구 전술에 활용한 과학 축구의 전도사였다. 그는 소련 컴퓨터 산업의 중심지가 키이우였다는 점을 십분 활용해 축구 데이터가 갖는 무한한 잠재력을 실제 경기에 적용시켰다.

그는 1974-75 시즌 디나모 키이우를 UEFA 컵위너스컵 정상에 올려 놓으며 소련 축구의 중심을 우크라이나로 이동시켰다. 소련 국가대표팀 감독이 될 정도로 명성이 높은 지도자였다. 그는 훗날 소련이 붕괴된 뒤 독립국가 우크라이나를 대표하는 디나모 키이우의 감독으로 다시 부임했다. 심판 매수 혐의로 팀이 UEFA로부터 징계까지 받았던 어려운 시점이었다. 하지만 그는 셰브첸코와 레브로프가 중심 선수였던 디나모 키이우를 1998-99시즌 챔피언스리그 4강에 올려 놓는 기적을 만들었다. 디나모 키이우의 홈 구장의 이름이 로바노프스키 스타디움으로 명명된 이유다.

러시아의 침공에 사투를 펼치고 있는 우크라이나 국민들에게 그는 남다른 존재였다. 과거 1986년 멕시코 월드컵 때 그는 소련의 감독이었다. 당시 소련 대표팀은 대부분 우크라이나 출신 선수들로 구성됐다. 로바노프스키 감독은 이들에게 "우리는 러시아가 아니라 우크라이나를 대표한다"는 말을 넌지시 하곤 했다.

소련을 상징하는 국기를 달고 뛰지만 우크라이나 민족임을 잊지 말라는 뜻이었다. 이 에피소드가 러시아의 침공 이후 다시 회자됐고 로바노프스키 감독은 다시 한번 우크라이나 애국심의 상징이 될 수 있었다.

반면 우크라이나를 침공한 러시아는 FIFA로부터 제재를 받았다. FIFA가 러시아에 월드컵 출전 금지 조치를 내린 것이다. 축구와 무관한 일로 인하여 FIFA가 특정 국가에 출전 금지라는 징계를 내린 적은 드물었다. 예외적으로 2차대전 전범국가였던 독일과 악명 높은 '아파르트헤이트 정책흑백 인종분리 정책'을 구사했던 남아프리카공화국에 대한 출전 금지 조치가 있었을 뿐이었다. 러시아와 카타르 월드컵 유럽지역 예선경기에서 만날 수 있었던 폴란드, 체코, 스웨덴 세 나라는 모두 우크라이나 침공에 대한 항의 표시로 러시아와의 경기를 보이콧했다.

이 때문에 FIFA는 러시아에 제재를 내릴 수밖에 없었다. 오랜 기간 정치와 축구는 무관해야 한다는 입장을 보였던 FIFA가 국제여론 때문에 러시아의 월드컵 참가를 금지시켜야 했던 배경이었다. 하지만 우크라이나 침공에 영향을 미친 푸틴 대통령을 비롯한 러시아 위정자들이 아닌 일반 러시아 국민들의 입장에서는 2022년 카타르 월드컵에 러시아가 출전금지를 당한 것이 서운

한 일일지도 모른다. 지금도 그렇지만 러시아에는 소련 시절부터 축구와 월드컵에 열광하는 팬들이 많았기 때문이다.

소련 정권은 냉전시대 올림픽에서 금메달을 많이 딸 수 있는 개인 스포츠 종목을 선호했다. 축구는 그렇게 좋아하지 않았다. 관중들이 술에 취해 경기장에서 소리를 지르고 반항적이며 거친 그들만의 팬 문화를 만들어내는 종목이라고 봤기 때문이다. 축구는 철저한 계획과 명령에 의해 국민들을 통제하려고 했던 소련 정권의 특성과는 정면으로 배치되는 종목이었다. 하지만 소련 국민들, 보통 사람들의 생각은 달랐다. 이들은 축구장에서 가장 큰 자유를 누릴 수 있었다.

축구장은 다른 사람의 지시가 아니라 본인의 판단에 따라 뭔가를 할 수 있는 몇 안 되는 자유의 공간이었다. 소련 축구 팬들은 경기장에서 지금은 관용어구로 굳어진 말까지 만들었다. '심판으로 비누를 만들어라'. 그들은 심판 판정에 불만을 느낄 때마다 이렇게 외쳤다. 당시 비누가 동물의 지방으로 만들어졌다는 점에 빗대어 엉뚱한 판정을 내린 심판을 동물 수준으로 비하하는 러시아 스타일의 표현이다.

소련 대중에게 가장 인기가 있었던 팀 중 하나는 스파르타크 모스크바였다. 고대 로마 시대 검투사 노예로 자유를 갈망해 항쟁을 일으킨 민중 영웅 스파르타쿠스의 이름을 딴 팀이다. 스파르타크 모스크바는 스탈린의 공포정치가 자행되고 있는 동안 소련 민중의 팀이 됐다. 이 팀은 다른 소련 팀들과 달리 군대나 KGB 비밀경찰과 같은 기관들의 후원을 받지 않았기 때문이다. 스파르타크 모스크바는 소련 노동자들의 팀이었다. 이 팀은 1930년대 해외 원정을 다니며 서구 유럽 축구 스타일을 자연스럽게 받아들였다. 스파르타크를 응원하는 팬들도 다른 클럽들의 팬에 비해서는 자유로웠다. 심지어 이 팀은 경기장 입장권을 더 많이 팔기 위해 마케팅에 적지 않은 신경을 썼다. 소련 주요 기관들의 후원을 받는 타 구단에 비해 재정 상황이 안정적이지 않았기 때문이다.

스파르타크 모스크바의 최대 라이벌은 KGB가 후원했던 디나모 모스크바였다. 이 두 클럽의 경기에는 10만 명 안팎의 팬들이 운집하는 게 일반적이었다. 레알 마드리드와 FC 바르셀로나의 엘 클라시코를 방불케 했던 두 팀의 대결이 펼쳐지는 날이면 모스크바 사람들은 경기장으로 향했다. 하지만 스파르타크가 이 대결에서 우위를 보이자 디나모 모스크바의 권력자는 철권을 휘두르기 시작했다. 1939년 스파르타크가 소비에트 컵 대회에서 우승하자 판정 문제를 제기해 재경기를 치르도록 했다. 재경기에서도 패배하자 화가 난 디나모 모스크바의 후원자는 스파르타크 팀을 만든 니콜라이 스타로스틴을 동토의 땅 시베리아로 유배를 보내버렸다. 역설적으로 이 때부터 스파르타크에 대한 소련 민중의 지지와 애정은 훨씬 더 강해졌다. 소련이 붕괴된 뒤 스파르타크는 석유 재벌에 의해 운영되는 클럽이 됐지만 여전히 '인민의 팀'이라는 별칭이 붙어 있다.

소련이 월드컵에서 가장 좋은 성적을 기록한 것은 1966년 대회였다. 이 대회에서 소련은 4강에 올랐다. 그 누구보다 검은색 유니폼을 입은 골키퍼 레프 야신의 활약이 돋보였다. 그는 골키퍼로서 혁명가로 불릴 만한 놀라운 플레이를 선보였다. 야신은 필요할 때면 언제든 페널티 박스를 벗어나 상대 공격을 앞서 차단하는 스위퍼 역할까지 수행했다. 뿐만 아니라 그는 소련의 빠른 역습을 위해 적재적소에 패스를 해주는 역할도 잘 했다. 골키퍼로서 더욱더 중요한 부분은 그의 탁월한 예측 능력이었다. 그는 상대 선수의 슛 방향과 특성을 잘 파악했고, 미리 방향을 예측해 페널티킥도 잘 막아냈다. 그래서 야신처럼 1번을 달고 검은 유니폼을 착용하는 골키퍼들이 많아졌다.

우크라이나와 러시아는 과거 소련 축구를 이끈 두 개의 큰 축이었다. 하지만 2022년 카타르 월드컵에서는 두 팀 모두를 만날 수 없게 됐다. 역사에, 스포츠에 만약은 없다고 하지만, 만약 러시아가 우크라이나를 무력 침공하지 않았다면 어떤 일이 펼쳐졌을까? 아마 유럽 지역 예선에서 두 국가는 선의의 경쟁을 했을 것이다. 두 국가 간의 전쟁이 카타르 월드컵이 막을 내리기 전에 끝났으면 하는 바람뿐이다. 우크라이나의 전설 로바노프스키 감독과 러시아의 전설 야신 골키퍼가 기대하는 것도 분명 두 국가의 전쟁은 아닐 것이다.

19

'월드컵 위상'의 ─────
전형이 된 ──────────
카타르 월드컵 ───────

2022년 월드컵이 펼쳐지는 카타르에서 가장 인기 있는 스포츠는 축구다. 하지만 카타르와 중동 지역에서 사람들이 가장 자주 인터넷으로 검색하는 스포츠 종목은 단연 크리켓이다. 이 지역에 크리켓을 좋아하는 인도, 파키스탄, 네팔 등의 국가에서 건너온 이주노동자들이 많기 때문이다. 이들 국가에서 돈을 벌기 위해 카타르로 건너온 노동자들은 대략 80만 명이나 된다. 카타르 전체 인구가 약 293만 명이라는 점을 감안하면 엄청난 숫자가 아닐 수 없다.

이들은 카타르 월드컵을 앞두고 경기장, 도로와 숙박시설 등 주요 건설에 참여했다. 이들의 노동환경은 비참했다. 너무나 뜨거운 건설현장은 물론이고, 이들이 노동 외 시간에 숙식을 하는 곳은 난민 수용소 수준이었다. 더 가혹한 것은 '카팔라 제도'였다. 이 제도는 이주노동자를 고용한 카타르의 후견인이 이들의 법적인 신분을 책임지는 것이다. 한 마디로 카타르 후견인이 이주노동자의 여권을 빼앗고 계약된 기간 동안 마치 노예처럼 부릴 수 있는 제도다.

인권이라고는 눈곱만큼도 찾아볼 수 없는 월드컵 노동현장에서 많은 이주노동자들이 목숨을 잃었다. 7,000명 가까운 이주노동자가 사망했다고 알려져 있지만 카타르 정부는 월드컵 인프라 건설과 직접 관련된 노동자의 사망은 거의 없었다고 발표했다.
'카팔라 제도'뿐만 아니라 카타르 월드컵의 문제가 전세계적인
비판의 대상이 되자 FIFA는 카타르 월드컵 경기장 건설 노동 환
경에 대해 면밀하게 모니터링 하겠다는 약속을 했다. 카타르 정
부도 급기야 지난 2020년 카팔라 제도를 금지시켰다.

하지만 카타르 월드컵에 대한 세계인들의 전반적인 시선은 좋
지 않다. 애초에 카타르가 월드컵을 개최한 것 자체가 잘못이라
는 시각이 깔려 있기 때문이다. 카타르는 월드컵 개최지 선정에
앞서 실시된 FIFA의 현장실사에서도 사실 낙제점을 받았다. 월
드컵 경기장은 물론 대회 기간 선수단과 관광객을 맞이하려면
숙박시설도 대폭 늘려야 했다. 도시 하나를 새롭게 만드는 과정
이 필요했다.

통상적으로 월드컵이 펼쳐지는 6~7월 카타르의 평균기온은
40도를 넘는다. 이러한 기후는 축구 경기에 적합하지 않다. 그렇
기 때문에 정상적으로 월드컵 대회를 진행하려면 유럽 프로축구
시즌이 한창인 11~12월로 일정을 바꿔야 했다. 카타르는 월드컵
이후 축구 경기장에 관중을 채울 수도 없는 환경이다. 카타르는
역대 월드컵 개최국 가운데 우루과이1930년에 이어 가장 인구가
적다.

월드컵 경기장과 같은 4만 명 이상의 관중이 관람할 수 있는 대형 규모의 축구장을 효율적으로 활용할 가능성이 매우 낮다. 월드컵 이후 카타르에서 아무리 축구 열기가 상승한다 하더라도 모든 월드컵 경기장을 대회가 끝난 뒤 정상 운용하기에는 힘든 구조다. 카타르 프로축구 리그 경기의 평균 관중은 기껏해야 10,000명 수준이다. 카타르 월드컵 경기장 중 한 곳인 974 스타디움은 월드컵 대회가 종료되면 사라질 예정이다. 이는 월드컵 역사상 최초의 일이다. 또한 2~3개의 경기장도 월드컵 이후 규모가 축소된다.

이 같은 악조건에도 불구하고 카타르가 월드컵 개최지로 선정된 이유는 무엇일까? 카타르는 오일 달러를 앞세워 월드컵 개최지를 선정했던 FIFA 집행위원회 위원들과 공모했다. 이 과정에서 해묵은 FIFA 고위인사들의 부패와 비리 혐의가 드러났다. 북중미카리브축구연맹CONCACAF, 아프리카축구연맹CAF과 유럽축구연맹UEFA등의 집행위원들은 비리 의혹으로 수모를 겪었다.

이 와중에 제프 블라터의 뒤를 이어 FIFA 회장이 유력했던 미셸 플라티니 전 UEFA 회장도 명예를 잃었다. 카타르 월드컵 유치를 위해 동분서주했던 카타르 왕실이 프랑스 사르코지 대통령과 만난 뒤 플라티니가 카타르를 지지했다는 의혹 때문이었다. 프랑스와 카타르 간의 모종의 거래가 있었다는 합리적 의심이 있었다. 공교롭게도 카타르가 월드컵 개최지로 선정된 뒤 프랑스의 파리 생제르맹PSG 클럽은 카타르 자본이 매입했고 프랑스의 민간 항공기 에어버스를 카타르가 대량 구입했다. FIFA 집행위원들이 돈이나 이권을 받는 대신 카타르를 월드컵 개최지로 선택했다는 의혹이 만천하에 드러나자 FIFA는 향후 월드컵 개최지 선정 투표에 회원국이 모두 참여할 수 있도록 규정을 바꿔야 했다.

여러 측면에서 카타르 월드컵은 대회 개최를 통해 좋지 않은 국가 이미지를 씻을 수 있다는 이른바 '월드컵 워싱Washing'의 전형적인 경우로 볼 수 있을 듯하다. 이는 단순히 카타르가 월드컵을 기회로 관광객 유치 활성화를 하겠다는 전략이 아니라 석유 부국이긴 하지만 국제사회에서 영향력이 크지 않았고 양성 평등, 인권, 민주적 정치구조란 측면에서 취약한 자국의 아킬레스건을 일거에 세탁하려는 시도라는 것이다.

카타르가 축구에 관심을 크게 갖기 시작한 건 지역 라이벌 국가인 아랍에미리트연합UAE의 영향이 컸다. 카타르는 중동의 항공과 물류 중심국가 자리를 차지하기 위해 아랍에미리트연합과 경쟁을 했다. 유럽 축구 무대에서 카타르 항공과 에미레이트 항공이 스폰서십 경쟁을 하는 것도 이와 같은 이유다. 이런 두 국가의 경쟁은 카타르가 PSG를 매입해 천문학적인 선수 스카우트 비용을 쓰면서 심화됐다. 이는 다분히 카타르가 UAE 출신의 거물 만수르가 구단주로 있는 맨체스터 시티를 의식한 도전이었다. 해외 관광객 유치를 위해 두 국가는 미술품을 축으로 한 문화 콘텐츠 경쟁도 진행 중이다. UAE는 이미 아부다비 루브르 박물관과 아부다비 구겐하임 미술관을 개관했고 세계적 미술품을 다수 소장하고 있는 카타르도 국립 박물관 건립에 거액을 투자했다.

두 국가는 역사적으로 악연이 있었다. 카타르와 UAE는 모두 아랍계 부족국가로 출발했지만 1971년 UAE가 연합국가로 출범하려고 할 때 카타르가 이 제의를 거부하면서 관계가 틀어졌다. 이 때문에 UAE는 아부다비, 두바이를 중심으로 연합국가가 됐고 카타르는 따로 독립했다. 2017년에는 UAE가 카타르에 단교 조치를 선언하기도 했다. 중동지역에서 다수를 차지하고 있는 수니파 국가들 중 하나인 UAE는 카타르가 시아파 국가인 이란과 우호적 관계를 유지한다는 이유로 이 같은 결정을 내렸고 군사충돌 가능성까지 제기됐다. 더욱이 카타르 방송사인 알 자지라가 UAE 등 다른 중동 국가 왕실의 부조리한 면을 보도하면서 두 국가의 신경전은 더욱 날카로워졌다.

카타르 이전 가장 악명이 높았던 '월드컵 워싱'은 1978년 아르
헨티나에서 펼쳐졌다. 아르헨티나의 비델라 독재 정권은 무고한
시민들을 참혹한 방식으로 처형했다. 불과 월드컵 결승전이 열
린 경기장에서 얼마 떨어져 있지 않은 곳에서 대회 기간 중에도
이런 일이 벌어졌다. 그런 연유로 1978년 월드컵에서 개최국 아
르헨티나가 낭만적인 공격 축구를 선보이며 우승을 차지했어도
대회에 대한 전반적인 평가는 결코 좋지 않았다. 잔혹한 독재정
권의 대내외적 이미지 세탁을 위한 대회였기 때문이다. 하지만
1978년 아르헨티나 대회에 월드컵 보이콧은 없었다.

아르헨티나 월드컵으로부터 44년이 지난 뒤 펼쳐지는 카타르
월드컵에서도 보이콧은 없다. 다만 독일 축구 국가대표팀 선수
들은 월드컵 예선전을 통해 국제연합UN의 인권관련 30개 조항
을 지지한다는 의미의 플래카드를 들었다. 이들의 행동은 카타
르 월드컵 공사에 참여해 목숨을 잃은 이주노동자들을 위한 일
종의 헌사였다. 어쩌면 진정한 월드컵의 영웅은 스타 플레이어
나 유명 감독이 아니라 보이지 않는 곳에서 대회 준비에 힘쓴 이
주노동자들이라는 의미이기도 했다.

파리, 스트라스부르그, 릴 등 프랑스 주요 도시들도 야외에서

사람들이 모여 월드컵 경기를 시청할 수 있는 팬존을 운영하지 않기로 했다. 일종의 월드컵 TV 보이콧이다. 프랑스와 맨체스터 유나이티드의 전설적 축구스타 에릭 칸토나는 아예 카타르 월드컵 경기를 보지 않겠다고 선언했다. 그는 카타르 월드컵과 관련해 우리가 아는 유일한 것은 '돈' 뿐이라고 비난했다.

인권운동 관련 국제기구인 엠네스티는 FIFA를 상대로 월드컵 수익금의 일부를 이주노동자와 그들의 가족에게 기금 형태로 돌려주는 방안을 주문하고 있다. 이들이 요구하는 기금의 규모는 월드컵 우승팀에 주는 상금과 거의 비슷한 액수다. 잉글랜드 축구협회FA는 이와 같은 기금을 조성하는 것에 찬성했다. 네덜란드의 루이스 반 할 감독과 브라질의 치치 감독도 이에 대해 동의의 뜻을 전했다.

하지만 FIFA는 아직까지 기금 조성을 고려하겠다는 원론적인 입장만을 내놓을 뿐 구체적인 액션을 취하고 있지 않다. FIFA가 축구 저개발 지역 지원을 명목으로 몇몇 축구협회와 대륙축구연맹에 전달했던 돈은 대부분 제대로 쓰이지 못했다. FIFA 회장 선거와 월드컵 개최국 선정을 위한 뇌물로 쓰인 경우가 허다했다. 카타르에 비윤리적인 방식으로 월드컵 개최권을 주었던 FIFA가 조금이라도 이를 만회하기 위해서는 이주노동자들을 위한 기금 조성이 절실하다. 이는 '세계에서 가장 부패한 스포츠 외교관들로 구성된 조직'이라고 불리기도 하는 FIFA를 향한 차디찬 의구심에서 벗어나기 위한 첫 걸음이 될 수 있다.

20

벤투의
빌드업 축구에
더 절실한
한국형 '프레싱 게임'

2002년 한일 월드컵이 끝난 뒤, 일본 소설가 무라카미 류는 4강에 진출한 한국 축구 스타일을 '특공 육탄전'이라고 표현했다. 11명의 태극전사들이 상대에 맞서 물러서지 않고 용감한 경기를 했다는 의미였다. 실제로 이 대회에서 한국은 스스로 공이 있는 위치에서 자신의 임무를 특공대처럼 수행했다. 그것도 육박전 형태로 경기를 치렀다. 어려운 상황에 빠져 있는 동료를 돕기 위한 눈에 보이지 않은 희생도 주저하지 않았다. 이런 바탕 위에서 한국 축구는 세계 최고 수준의 팀들을 무너트릴 수 있었다.

2002년 월드컵에서 한국 대표팀을 지휘했던 거스 히딩크 감독은 한국 선수들에게 부족한 면을 체력으로 꼽았다. 한국 축구계 인사들은 물론 미디어나 팬들은 그의 말을 이해할 수 없었다. 체력으로만 보면 한국 축구는 나름 세계적인 수준이라고 생각해왔던 게 한국 사회의 전반적인 인식이었기 때문이다. 한국 축구에 부족한 것은 기술이라는 말이 오랫동안 회자됐던 얘기였다.

하지만 결과적으로 히딩크의 말이 맞았다. 한국 선수들이 90분 내내 지칠 줄 모르는 체력을 바탕으로 경기에 임할 수 있는 능력이 있기 때문에 이를 더 극대화시켜야 한다는 게 히딩크의 판단이었다. 월드컵 본선 한두 경기에서 한국이 이런 체력을 선보이는 것은 가능할지 몰라도 조별예선 세 경기와 그 이후 상황

까지 대비하려면 더욱 체계적이고 강도 높은 체력 훈련을 해야

한다는 뜻이었다. 실제로 한국 선수들은 2002년 월드컵에서 어

려운 경기와 연장전 승부를 연거푸 치르면서도 놀라운 회복력으

로 마지막 순간까지 '체력전'을 펼칠 수 있었다.

2002년 한일 월드컵 이후 한국 축구의 영원한 라이벌 일본은

패스에 더욱 몰입했다. 일본은 좁은 공간에서 어떻게 하면 정교

한 패스를 빠르게 연결해 골을 넣을 수 있을지에 지내한 관심을

표명했다. 그리고 이 스타일에 잘 어울릴 수 있는 선수들을 육성

하고 대표팀에 선발했다. 포인트는 좁은 공간과 빠르고 정확한

숏 패스였다. 사물을 초소형화시켜 고성능의 제품으로 탈바꿈시

키는 데 있어 탁월한 재능을 보였던 일본인들의 접근 방식은 축

구에서도 이렇게 적용됐다.

일본은 이런 스타일로 세계 수준에 진입하기까지 시행착오를

거듭했지만 2010년과 2018년 월드컵에서 16강에 진출하며 성

과를 거뒀다. 특히 지난 2018년 월드컵 16강전에서 비록 패하기

는 했어도 일본의 패스 축구는 진가를 발휘했다. 일본은 16강전

에서 우승후보로까지 거론됐던 벨기에를 상대로 선전하며 앞서

갔으나 결국 3-2로 역전패했다. 이 경기에서 일본은 그들만의 패

스 축구 스타일을 맘껏 펼쳤다. 수비진영부터 차근차근히 공격

으로 전개되는 빌드업도 매끄러웠다. 하지만 경기 후반 벨기에가 신장과 체격의 우위를 앞세운 파상공세를 퍼붓자 무너졌다. 육상전투에서는 나름 성과를 거뒀지만 공중전에서는 속수무책이었던 셈이다. 그래서 일본과 벨기에의 경기는 일본 축구의 강점과 약점이 동시에 드러난 대표적인 경기로 평가되고 있다.

반면 한국은 2018년 월드컵에서 여러 문제점을 노출했다. 근본적으로는 상대의 압박 수비에서 벗어날 수 있는 탈압박 능력이 떨어졌다. 반면 상대에게 압박을 가하는 능력은 그래도 나름 성과를 보였다. 이 부분이 크게 발휘된 경기는 독일과의 조별예선 마지막 경기였다. 한국은 독일 선수들이 자유롭게 뛸 수 있는 공간을 잘 지켜냈다. 한두 선수의 성과가 아닌 팀 전체가 노력한 결과였다. 한국은 경기 막판 체력적으로도 독일에 앞서 있었다. 김영권과 손흥민의 연속 골이 터질 수 있었던 원동력이었다. 특히 손흥민의 골은 한국 축구의 특징이 잘 묻어났다. 임기응변과 무한질주였다. 미리 계획된 것은 아니었지만 주세종은 찰나의 순간 빈 공간을 보고 롱패스를 보냈고 손흥민은 거침없는 질주로 두 번째 골을 성공시켰다. 이른바 '카잔의 기적'으로 불리는 이 경기는 단순히 독일을 이겨서가 아니라 한국 축구 스타일의 진면목을 보여줬다는 점에서 의미가 깊었다.

2022년 카타르 월드컵에서 한국 축구는 어떤 스타일을 보여 줄 수 있을까? 포르투갈 출신 파울로 벤투 대표팀 감독은 '빌드업 축구'를 지향하고 있다. 한국 축구의 공격 전개가 더 안정적이고 체계적이어야 한다는 뜻이다. 어찌 보면 벤투의 '빌드업 축구'는 선수들이 공을 적절히 잘 돌리면서 점유율을 높이는 스타일에 가깝다. 그의 이런 스타일은 지난 4년간 지속돼 왔다. 하지만 적지 않은 지점에서 그의 스타일이 과연 한국 축구와 잘 어울리는 것인지에 대한 의문은 끊이지 않았다.

이런 의구심이 절정에 달했던 건 2021년 3월 펼쳐졌던 일본과의 경기였다. 한국은 이 경기에서 3-0으로 패했다. 손흥민을 비롯한 유럽파 선수들이 빠졌다는 점을 감안해도 최악의 참패였다. 전 일본 국가대표 선수였던 조 쇼지는 "한국의 용맹함이 깨끗한 패스 축구에 주안점을 두면서 죽어 가고 있다"라고 표현했다. 수비 진영부터 차근차근히 패스를 통해 조금씩 전진하는 벤투 축구가 한국과 잘 맞지 않는 것 같다는 분석이었다.

한국 축구가 세계 무대에서 뭔가 큰 힘을 발휘할 때 잘 나타났던 부분은 냉정히 말해 탈압박이라기 보다는 압박이었다. 한국은 10명의 필드 플레이어가 같이 하는 수비를 통해 상대방의 공격작업을 막거나 지연시키고 또 빈 공간을 최소화했을 때 좋은 성과를 냈다. 그리고 이런 환경 속에서 한국의 공격도 원활하게 풀렸다. 체력과 주력을 적절히 활용한 전진 속공의 한국 축구는 철저하게 모든 선수가 함께하는 '프레싱 게임'에서 시작됐던 셈이다.

짧은 패스로 이어지는 잘 짜인 형태의 빌드업 축구는 리드미 컬하고 아름답다. 경기를 운영하는 데 있어서도 안정적이며 예측 가능하다는 장점이 있다. 또한 최근 들어 한국 축구 대표팀의 빌드업은 그 어느 때보다 튼실해졌다. 다만 이런 빌드업 축구가 월드컵 본선 무대에서도 성공하려면 한국 축구의 원형인 체력과 조직력이 중심이 된 '프레싱 게임'의 뒷받침이 절실하다. 만약 이 두 가지가 경기에서 잘 조화를 이룰 수 있다면 설령 카타르 월드컵 결과가 좋지 않더라도 벤투 감독의 실험 자체는 성공작으로 평가돼야 한다. 하지만 반대로 '프레싱 게임'과 '빌드업 축구'가 잘 배합되지 않는다면 그의 실험은 완벽한 실패일 수밖에 없다.

한국 축구의 '프레싱 게임'은 굳이 비유를 하자면 도르트문트 시절 위르겐 클롭 감독이 지향했던 '게겐 프레싱'과 맥이 닿아있다. 반면 일본 축구의 '패스 게임'은 FC 바르셀로나 시절 펩 과르디올라의 '티키타카'와 닮았다. 한 국가가 가지고 있는 고유한 축구 스타일은 유지되는 듯하면서도 계속 새롭게 변한다. 하지만 그 중심에는 영원히 변치 않는 요소도 있다.

1936년 베를린 올림픽 일본 축구 대표 선발전을 겸한 전국 대회에서 경성축구단이라는 이름으로 출전했던 사실상의 한국 대표팀이 우승을 차지했다. 하지만 일본은 한국 선수를 단 2명만 일본 대표팀에 선발했다. 물론 이와 같은 결정에 일본의 차별을 배제할 수는 없을 것이다. 그러나 당시 일본 대표팀 감독은 "한국 선수들은 일본 스타일의 교과서적인 패스 축구와 잘 어울리지 않는다"고 말했다. 실제로 일제 강점기의 한국 축구는 일본에 비해 체력과 주력을 활용한 플레이에 훨씬 더 능했다.

한국과 일본 축구의 이러한 스타일 차이는 거의 100년이 지난 현재에도 살아 숨쉰다. 아마 어느 국가가 먼저 이 두 가지 상반된 스타일을 하나의 결정체로 만들 수 있을지에 따라 향후 한국과 일본의 축구 지형도가 새롭게 그려질 가능성이 크다. 그리고 아시아 축구의 지형도 역시 달라질 수 있을 것이다. 이 같은 관점에서 벤투 감독의 '빌드업 축구'가 카타르 월드컵에서 한국 축구에 새로운 이정표가 되기를 바란다.

　　TV로 처음 본 월드컵은 1982년 스페인 월드컵이었다. 경기를 보고 싶어 감기몸살을 핑계로 학교까지 한 번 빠지고 월드컵 녹화중계를 봤다. 월드컵을 보면서 든 생각은 '왜 이 무대에 한국은 없을까'였다. 하지만 4년 뒤부터는 이런 생각을 할 이유가 없었다. 한국이 1986년 월드컵부터 개근을 했기 때문이다. 이후 월드컵은 내게 매우 달랐다. 어찌 보면 '월드'컵이 아니라 '코리아'컵이었다. 한국이 어떤 성적을 내는지에 몰입했다. 그래서 2002년 월드컵 이전까지 나의 월드컵은 안타까움의 연속이었다.

　　2002년 월드컵에서 한국이 그렇게 기다렸던 본선 1승을 거두고 4강까지 진출한 뒤에야 나의 월드컵은 진짜 '월드'컵으로 조금씩 방향이 바뀌었다. 한국의 16강 진출 여부를 떠나 월드컵을 편안하게 즐길 수 있었다. 자연스럽게 이때부터 축구장 안의 이야기를 넘어 축구장 밖의 이야기에도 관심을 기울였다. 물론 월드컵은 '90분 애국자'들을 위한 대회다. 하지만 축구 그라운드만 보면 월드컵이 주는 묘미를 절반 정도밖에 느끼지 못하는 것과 다름없다.

　그래서 축구장 밖의 이야기와 축구장 안의 이야기가 어떻게 관련이 있는지 더 알고 싶어졌다. 2006년 독일 월드컵을 현장에서 취재하면서 외국의 경험 많은 기자들의 기사와 칼럼을 읽었다. 이를 통해 축구 전술과 스타일에도 한 국가의 문화가 배어 있다는 사실을 알게 됐다. 내가 늦은 나이에 스포츠 문화사를 전공 삼아 공부를 하게 된 용기도 여기에서 출발했다.

　이 책을 쓰면서도 월드컵을 테마로 한 축구장 안팎의 이야기가 어떻게 실타래처럼 연결돼 있는지에 집중했다. 그리고 각 참가국이 바라보는 월드컵은 매우 다른 의미가 있었다는 점을 강조하고 싶었다. '코리아' 컵을 넘어서 진정한 '월드'컵을 즐기고자 하는 분들에게 이 책이 조금이나마 도움이 됐으면 한다.

　끝으로 이 책을 쓸 수 있는 기회를 준 브레인스토어 홍정우 대표님과 꼼꼼하게 편집을 해준 김다니엘 편집자, 이예슬 디자이너에게 감사드린다. 또한 책 출간 과정에서 결정적인 도움을 준 류청 기자와 나를 항상 응원해준 가족에게 '고마웠다'는 인사를 꼭 하고 싶다.

Alegi P., African Soccerscapes: How a Continent Changed the World's Game, Athens: Ohio University Press, 2010.

Ball P., Morbo: The Story of Spanish Football, London: WSC Books, 2002.

Bellos A., Futebol: The Brazillian Way of Life, London: Bloomsbury, 2002.

Darby P., Africa, Football and FIFA: Politics, Colonialism and Resistance, London: Routledge, 2002.

Crolley L. and Hand D., Football, Europe and the Press, London: Routledge, 2002.

Edelman R., Serious Fun: A History of Spectator Sports in the USSR, Oxford and New York: Oxford University Press, 1993.

——, Spartak Moscow: A History of the People's Team in the Workers' State, Ithaca: Cornell University Press, 2009.

Foot J., Calcio: A History of Italian Football, London: Harper Perennial, 2007.

Galeano E., (trans.) Fried M., Soccer in Sun and Shadow, London and New York: Penguine 1999.

Glanville B., The Story of the World Cup, London: Faber & Faber, 2010

Goldblatt D., The Ball Is Round: A Global History of Football, London: Viking, 2006.

Guttmann A., Games and Empires: Modern Sports and Cultural Imperialism, New York: Columbia University Press, 1994.

Handler A., From Goals to Guns: The Golden Age of Soccer in Hungary 1950-1956, New York: Columbia University Press, 1994.

Hanna R., The World At Their Feet: Northern Ireland In Sweden, Cheltenham: Sportsbooks, 2008.

Hawkey I., Feet of the Chameleon: The Story of African Football, London: Portico, 2009.

Haynes R. and Boyle R., 'The FIFA World Cup: media, football and the evolution of a global event', in L. A. Wenner and G. Billings (eds.), Sport, Media and Mega-Events, New York: Routledge, 2017.

Honigstein R., Das Reboot: How German Soccer Reinvented Itself and Conquered the World, New York: Bold Type Books, 2015.

Hubbard R., From Partition to Solidarity: The first 100 years of Polish football, Leicester: Independently Published, 2019.

Jong Sung Lee, A History of Football in North and South Korea c. 1910-2002: Development and Diffusion, Oxford: Peter Lang, 2016.

Kapuschinski R., The Soccer War, New York: Vintage, 1992.

Lanfranchi P. and Taylor M., Moving with the Ball, Oxford and New York: Berg, 2001.

Lanfranchi P. and Eisenberg C. et al., 100 Years of Football: The FIFA Centennial Book, London: Weidenfeld & Nicholson, 2005.

Lichtenberger U., Tor ! The Story of German Football, London: WSC Books, 2002.

Mason T,. Passion of the People? Football in South America, London: Verso, 1995.

——, 'When Was The First Real World Cup?', Proceedings of the Conference on Globalization and Sport in Historical Context, University of California, San Diego, March 2005. 1-11.

McDougall A., The People's Game: Football, State and Society in East Germany, Cambridge: Cambridge University Press, 2014

Whang Soon-hee, 'Football, Fashion and Fandom: Sociological Reflections on the 2002 World Cup and Collective Memories in Korea', in J. Horne and W. Manzanreiter (eds.), Football Goes East: Business, Culture, and the People's Game in China, Japan, and South Korea, London: Routledge, 2004, 148-64.

Wilson J., Inverting the Pyramid : A History of Football Tactics, London: Orion Publishing, Group, 2008.

——, Angels with Dirty Faces: The Footballing History of Argentina, New York: PublicAffairs 2016.

Winner D., Brilliant Orange: The Neurotic Genius of Dutch Football, London: Bloomsbury, 2001.

大島裕史, 日韓キックオフ伝説, 東京: 実業之日本社, 1996.

後藤健生, 日本サッカー史 日本代表の90年, 東京: 双葉社, 2007.

김유석, 국기에 그려진 세계사, 서울: 틈새책방, 2017.

알프레드 바알 저/지현 역, 축구의 역사, 서울: 시공사, 2001.

우스미 류이치로 저/김수경 역, 세계사를 바꾼 커피 이야기, 서울: 사람과 나무사이, 2022.

21세기 연구회 저/김향 역, 지명으로 보는 세계사, 서울: 시공사, 2000.

조슈아 로빈슨, 조너선 클레그 저/황금진 역, 축구의 제국, 프리미어리그, 서울: Water Bear Press, 2021.

Economist, Guardian, Financial Times, The Times, LA Times, New York Times, World Soccer, When Saturday Comes, 중앙일보 등 다수 매체 기사 참조.

세계사를 바꾼 월드컵

지적이고 흥미로운
20가지 월드컵 축구 이야기

초판 1쇄 펴낸 날 | 2022년 12월 9일

지은이 | 이종성
펴낸이 | 홍정우
펴낸곳 | 브레인스토어

책임편집 | 김다니엘
편집진행 | 차종문, 박혜림
디자인 | 이예슬
마케팅 | 육란

주소 | (04035) 서울특별시 마포구 양화로 7안길 31(서교동, 1층)
전화 | (02)3275-2915~7
팩스 | (02)3275-2918
이메일 | brainstore@chol.com
블로그 | https://blog.naver.com/brain_store
페이스북 | http://www.facebook.com/brainstorebooks
인스타그램 | https://instagram.com/brainstore_publishing

등록 | 2007년 11월 30일(제313-2007-000238호)